www.tredition.de

AF217621

Monika Müller-Herrmann

Aufbau und Leitung eines Trauercafés

Ein Projektbericht

www.tredition.de

© 2017 Monika Müller-Herrmann
Umschlag, Illustration: Monika Müller-Herrmann
Lektorat, Korrektorat: Jutta Schaller

Verlag und Druck: tredition GmbH, Halenreie 42, 22359 Hamburg

ISBN
Paperback   978-3-7439-2948-7
Hardcover   978-3-7439-2949-4
e-Book   978-3-7439-2950-0

Das Werk, einschließlich seiner Teile, ist urheberrechtlich geschützt. Jede Verwertung ist ohne Zustimmung des Verlages und des Autors unzulässig. Dies gilt insbesondere für die elektronische oder sonstige Vervielfältigung, Übersetzung, Verbreitung und öffentliche Zugänglichmachung.

Inhaltsverzeichnis

Dank und Widmung

Ich widme dieses Buch Christel Ortwein, unserer Ausbilderin, Gabriele Fleckenstein, unserer Supervisorin, meinen beiden Co-Leitungen Anke Banse und Ingrid Love, und den Ehrenamtlichen Edelhaide Edel, Wolfram Hübeler, Sigrid Veith, Veronika Wagner, Heide Ludwig-Haß, Petra Thomsen, Angelika Abert und Susanne Eichhorn.

Ich danke allen Wegbereitern und Wegbereiterinnen dieses Projekts. Ich danke allen Gästen des Trauercafés für Ihr Vertrauen.

Ich danke Jutta Schaller fürs unermüdliche Lektorieren und Korrekturlesen.

1. Theoretisches Vorwort

Den Anbietern von Trauercafés wird oft vorgeworfen, dass Trauercafés nicht ausreichend theoretisch fundiert arbeiten würden. In welchem theoretischen Kontext bewegen wir uns also, wenn wir ein Trauercafé anbieten und haupt- und ehrenamtliche Mitarbeiterinnen dafür schulen?

„Jedes Jahr sterben in Deutschland rund 830.000 Menschen und diese Zahl wird in den nächsten zwei Jahrzehnten ständig ansteigen. Wenn man davon ausgeht, dass bei jedem sterbenden Menschen durchschnittlich drei ihm nahestehende Personen von Trauer betroffen sind, dann erleben jedes Jahr rund 2,5 Millionen Menschen in Deutschland akute Trauer. Und da Trauerprozesse nicht nach einem Jahr „abgeschlossen" sind, sondern unter Umständen sehr viel länger andauern und mit erheblichen Beschwernissen verbunden sein können, sind möglicherweise durchgängig 10 % der Bevölkerung von den Einflüssen und Wirkungen von Trauer betroffen." (Michael Wissert, Wirkungen von Trauerbegleitung im Rahmen der emotionalen und sozialen Bewältigung von tiefgehenden und komplizierten Trauerprozessen, Weingarten, 2013 http://www.projekt-trauerleben.de/Wirkungen_der_Trauerbegleitung.pdf, Seite 1)

Sigmund Freud verstand Trauer als die Reaktion auf den Verlust einer geliebten Person oder einer an ihrer Stelle gerückten Abstraktion wie Vaterland, Freiheit, ein Ideal usw. (Freud, Trauer und Melancholie, Frankfurt, Fischer 1917, 1981 428f). Freud postulierte in dieser Schrift den Trauerprozess als „Trauerarbeit". Es sei die wesentliche Aufgabe des Trauernden, sich von der verstorbenen Person (dem Objekt) zu lösen. Die libidinöse Verbindung zum geliebten Objekt verhindere, dass sich neue libidinöse Verbindungen entwickeln können.

Dennoch notiert Freud selbst in einem Brief an seinen Freund Binswanger über den Tod seiner Tochter: „Gerade heute wäre meine verstorbene Tochter 36 Jahre alt geworden… man weiß, dass die akute Trauer nach einem solchen Verlust ablaufen wird, aber man wird ungetröstet bleiben, nie einen Ersatz finden. Alles, was an die Stelle rückt, und wenn es sie auch ganz ausfüllen sollte, bleibt doch etwas anderes. Und eigentlich ist es recht so. Es ist die einzige Art, die Liebe fortzusetzen, die man ja nicht aufgeben will. (Freud am 12.4.1929 in einem Brief an seinen Freund Binswanger, gefunden in: Chris Paul, Neue Wege in der Trauer- und Sterbebegleitung, Gütersloher Verlagshaus, 2001).

Verena Kast beschreibt Trauer als die Emotion, durch die wir Abschied nehmen, Probleme der zerbrochenen Beziehung aufarbeiten und so viel als möglich von der Beziehung und den Eigenheiten des Partners integrieren können, so dass wir mit neuem Selbst- und Weltverständnis weiter zu leben vermögen. (Verena Kast: „Trauern Phasen und Chancen des psychischen Prozesses", Kreuz Verlag Freiburg, im Vorwort in der 34. Auflage, 2012, S. 12) und weiter „Trauern darf nicht länger als Schwäche betrachtet werden, sondern es ist ein psychologischer Prozess von höchster Wichtigkeit für die Gesundheit des Menschen (ebenda, S. 21)

Verena Kast schildert Trauer als einen Prozess von vier Phasen. Die erste Phase nannte sie die Phase des Nicht-Wahrhaben-Wollens, die zweite Phase die aufbrechenden chaotischen Emotionen, die dritte Phase des Suchens, Findens und sich Trennens, die vierte Phase des Neuen Selbst- und Weltbezugs. (Vorwort von Verena Kast in C.S. Lewis „Über die Trauer", Zürich, Benzinger Verlag 1998) Auch von anderen Autoren werden Phasenmodelle beschrieben. Das Problem dieser Modelle ist wie bei den Sterbephasen von Elisabeth Kübler-Ross, dass sie zunächst normativ verstanden wurden, als ob jeder Trauernde sie in der vorgeschriebenen Reihenfolge einmal durchlaufen müsste.

Aber schon Verena Kast selbst schrieb: Die Phasen wiederholen sich, immer wieder muss man sie durchstehen. Wenn immer das Gefühl des Verlustes vorherrscht, erleben wir uns in der Phase der aufbrechenden Emotionen. Mit der Zeit – und daran erweist es sich, dass auch bei diesem psychischen Prozess das Symbol der Spirale seine Geltung hat – weiß man, dass diese Phasen der Verzweiflung auch wieder ihr Ende finden werden, dass die Phasen des relativen Wohlbefindens auch wieder eintreten werden." (Vorwort von Verena Kast in C.S. Lewis „Über die Trauer", Zürich, Benzinger Verlag 1998, S. 15)

Einige Trauertheoretiker haben auch versucht, „Traueraufgaben" zu formulieren, so zu Verena Kast Phasen hier zugeordnet die Traueraufgaben von William J. Worden.

Quelle für die Trauerphasen: Kast V. (1999). Trauern. Phasen und Chancen des psychischen Prozesses. Stuttgart: Kreuz. Quelle für die Traueraufgaben: Worden, W. (2011). Beratung und Therapie in Trauerfällen. Ein Handbuch. Bern: Huber.

Tabelle 1: Gegenüberstellung Trauerphasen und Traueraufgaben

Trauerphasen	Traueraufgaben
Trauerphasen nach Verena Kast	Traueraufgaben nach William Worden
Phase des Nicht Wahrhaben Wollens	Den Verlust als Realität akzeptieren
Phase der aufbrechenden Emotionen	Den Schmerz verarbeiten
Phase des Suchens und sich Trennens	Sich an eine Welt ohne die verstorbene Person anpassen
Phase des neuen Selbst- und Weltbezugs	Eine dauerhafte Verbindung zu der verstorbenen Person inmitten des Aufbruchs in ein neues Leben finden

William J. Worden beschreibt in seinem Buch Beratung und
Therapie in Trauerfällen (William J. Worden, Beratung und
Therapie in Trauerfällen, Bern, Huber, 4. Überarbeitete Neu-
auflage, 2011) folgende Gefühlslagen für Trauer: Traurigkeit, Wut, Schuldgefühle und Selbstvorwürfe, Angst, Ein-
samkeit, Erschöpfung, Hilflosigkeit, Schock, Sehnsucht, Sehnsucht, Befreiung, Erleichterung und emotionale Taubheit.
Alle diese Gefühlslagen können bei „normaler" Trauer auf-
treten. Als körperliche Reaktionen beschreibt er Ausdrücke,
die Trauernde oft benutzen: „Stein im Magen", Beklemmun-

gen in der Brust, zugeschnürte Kehle, Überempfindlichkeit gegen Lärm, das Gefühl, neben sich zu stehen, Atemlosigkeit, Kurzatmigkeit, Muskelschwäche, Energielosigkeit, Mundtrockenheit. Als typische kognitive Veränderungen und Denkmuster im Trauerprozess beschreibt er: Leugnung, Verwirrung, ständige gedankliche Beschäftigung mit der verstorbenen Person, gefühlte Präsenz der verstorbenen Person und kurze Halluzinationen (Momente, in denen für Bruchteile von Sekunden die verstorbene Person gesehen wird.).

Als typische Verhaltensweisen, über die Trauernde klagen, beschreibt Worden Schlafstörungen, Appetitstörungen, Zerstreutheit, sozialer Rückzug, Träume von der verstorbenen Person, Vermeidungsverhalten, Suchen und Rufen, Seufzen, Rastlosigkeit und Hyperaktivität, Weinen, Aufsuchen von Orten oder bei sich Tragen von Gegenständen, die an die verstorbene Person erinnern, Überhöhung von Objekten aus dem Besitz der verstorbenen Person.

Worden beschreibt außerdem, dass es sogenannte Mediatoren der Trauer gibt, die den Verlauf und die Intensität der Trauer beeinflussen:

Als ersten Mediator benennt er, welche Person verstorben ist. Es macht einen Unterschied für den Trauerprozess, ob um den Ehe- oder Lebenspartner getrauert wird, um Geschwister, um Eltern oder Schwiegereltern, um Freunde, um erwachsene oder um minderjährige Kinder. Daher trennen viele Anbieter von Trauergruppen auch die Gruppe auf je nach Verwandtschaftsverhältnis.

Als zweiten Mediator der Trauer benennt er, welche Art der Bindung an die verstorbene Person bestand. Hier bezieht sich Worden auf die Bindungstheorien um Bowlby. Handelte es sich um eine starke Bindung, ist von starker Trauerreaktion auszugehen. War es eine sichere Bindung oder eine ambivalente Bindung? Bei einer ambivalenten Bindung ist von schwieriger Loslösung im Trauerprozess auszugehen. Gab es Konflikte in der Beziehung, die nicht mehr vor dem Tod geklärt werden konnten, ist der Trauerprozess oft erschwert und häufig von Schuldgefühlen geprägt.

Als dritten Mediator für den Trauerprozess benennt Worden die Umstände, wie die Person starb: Ob sie in räumlicher Nähe starb, vielleicht im eigenen Haus oder weit entfernt in einem anderen Land. War es ein erwarteter oder plötzlicher Tod. Es gibt Studien, die darauf hinweisen, dass ein plötzlicher, unerwarteter Tod gerade für junge Angehörige deutlich belastender ist als ein durch Krankheit oder Alter erwartbarer Tod. Die Anpassung an den Trauerfall ist leichter, wenn die Angehörigen Zeit hatten, sich darauf vorzubereiten z.B. durch eine längere Pflegesituation. Gewaltsame und traumatische Umstände haben große Auswirkungen auf den Tod, Unfälle, Mord, Suizid erschweren den Auseinandersetzungsprozess mit der Trauersituation. Ebenso kann eine Häufung von mehreren Todesfällen in kurzer Zeit den Trauerprozess erschweren. Worden spricht hier von einer „Trauer-Überlastung". Ungeklärte Todesfälle, wenn der Tote vermisst und nicht wieder aufgefunden wird, wenn es keine Beerdigung gibt wie z.B. im Rahmen von Naturkatastrophen und Kriegen, erschweren ebenfalls den Trauerprozess. Von sogenannten stigmatisierten Todesfällen spricht Worden im Zusammenhang mit sozial tabuisierten Todesursachen wie z.B. AIDS und Suizid.

Als vierter Moderator wird die frühere Erfahrung der Trauernden mit Trauerprozessen benannt. Depressionen in der Vorgeschichte oder der frühe Verlust eines Elternteils in der Kindheit erschweren Trauerprozesse ebenfalls. Genauso kann es sein, dass der Trauernde Ressourcen hat, ein Wissen darum, was ihm in seinem Leben in früheren Trauerprozessen geholfen hat, mit der Situation fertig zu werden.

Als fünften Moderator des Trauerprozesses benennt Worden dann Persönlichkeitsvariablen wie Alter und Geschlecht, Bewältigungsstile, die schon früher im Leben eingeübt wurden, und eben den Bindungsstil, wieder bezugnehmend auf Bowlbys Bindungsmodell der sicheren, unsicheren, ängstlich ambivalenten und ängstlich rückversichernden Bindung. Außerdem werden Denkstile erwähnt, Ich-Stärke, Grundannahmen über die Welt und Wertvorstellungen.

Als sechster Mediator werden soziale Variablen benannt wie die Zufriedenheit mit der gefundenen Unterstützung, die Übernahme verschiedener sozialer Rollen und religiöse und kulturelle Normen.

Ein modernes Trauermodell, das ganz ohne Phasen und auch ohne Aufgaben auskommt, ist das duale Prozessmodell der Trauerbewältigung von Stroebe und Schut. Es unterscheidet zwischen verlustorientierten und wiederherstellungsorientierten Verhaltensweisen und Denkmustern. Es wird als normaler Bestandteil der Trauerbewältigung angesehen, dass die trauernde Person in ihrer Alltagserfahrung immer wieder zwischen beiden Prozessen hin und herspringt, sozusagen oszilliert.

Es gibt verlustorientierte Verhaltensweisen wie Trauerarbeit, Auflösung der Bindung, die verstorbene Person als solches wahrnehmen und auch Verleugnung. Und es gibt wiederherstellungsorientierte Verhaltensweisen, in denen die Lebensänderungen aufmerksam verfolgt werden, neue Dinge unternommen werden, die Person sich aktiv von der Trauer ablenkt, die Trauer vermeidet und sich neue Rollen zulegt, neue Identitäten bildet und neue Beziehungen aufnimmt. Zwischen beidem springen die Trauernden tageweise oder sogar stündlich hin und her. Stroebe und Schut werten dieses Geschehen nicht und lassen beide Prozesse gleichberechtigt nebeneinander stehen.

In der aktuellen Bewertung der Trauer wurden verschiedene Begriffe gefunden, um die Abgrenzung der Trauer als gesundem Prozess von anderen, krankheitswertigen Prozessen zu leisten. Hier waren und sind verschiedene Prozesse im Umlauf: pathologische Trauer, erschwerte Trauer, Znoj bevorzugt den Begriff der komplizierten Trauer (aus Hansjörg Znoj, Komplizierte Trauer, Göttingen, Hogrefe, 2004). Die komplizierte Trauer ist nach seiner Sicht abzugrenzen von einer Depression. Es gibt Versuche, sie in Ähnlichkeit zu einer posttraumatischen Stressstörung zu sehen. Znoj definiert: „Die komplizierte Trauer ist das Produkt eines Aufschaukelungsprozesses (positive Feeback-Schlaufe) der natürlichen Trauerreaktion." (Hansjörg Znoj, Komplizierte Trauer, Göttingen, Hogrefe, 2004, S. 39)

Im ICD-10, dem Diagnosemanual, das derzeit für deutsche Ärzte und Psychologen verbindlich ist, gibt es noch keine Diagnosegruppe für erschwerte Trauer, komplizierte Trauer oder ähnliche Kategorien. Häufig wurde in der therapeutischen Praxis als Ersatz dafür die Anpassungsstörung gewählt (F.43.2.) oder bei einer längeren depressiven Reaktion (F43.21) oder beim Vollbild einer Depression (F.32.). Eine Arbeitsgruppe um Prigerson und Horowitz schlägt den Begriff der Prolongierten Trauerstörung vor (zitiert nach der Zusammenfassung von Chistina Flüeler und Simon Forstmeier: „Normale und prolongierte Trauer, Abgrenzungen, Diagnosen und Modelle" in Psychotherapie im Alter, Hrsg. von S. Forstmeier et al. Heft 4, 10. Jahrgang 2013, S. 425-437).

Für diese Prolongierte Trauerstörung werden folgende Kriterien vorgeschlagen:

A. Ereigniskriterium: Trauerfall (Verlust einer nahestehenden Person)

B. Trennungsschmerz: Täglich oder in einem beeinträchtigenden Ausmaß erlebt die trauernde Person Sehnsucht z.B. heftiges Verlangen, oder sich Sehnen nach dem Verstorbenen; körperliches und emotionales Leiden als ein Resultat der erwünschten, aber unerfüllten Wiedervereinigung mit dem Verstorbenen.

C. Kognitive, emotionale und verhaltensbedingte Symptome: Die trauernde Person muss mindestens fünf der folgenden Symptome täglich oder in einem beeinträchtigenden Ausmaß erleben.

1. Verwirrtheit über die eigene Rolle im Leben oder verminderte Wahrnehmung des Selbst (z.B. Gefühl, als ob ein Teil seiner Selbst gestorben wäre)

2. Schwierigkeiten, den Verlust zu akzeptieren

3. Vermeidung von Auslösern für Erinnerungen an die Realität des Verlustes

4. Unvermögen, seit dem Verlust anderen Menschen Vertrauen zu schenken

5. Bitterkeit oder Wut in Bezug auf den Verlust

6. Schwierigkeit, mit dem Leben fortzufahren (z.b. neue Freundschaften zu schließen, eigenen Interessen nachzugehen)

7. Emotionale Taubheit (Abwesenheit von Emotionen) seit dem Verlust

8. Gefühl, dass das Leben seit dem Verlust nicht erfüllend, leer und bedeutungslos sei

9. Gefühle von Fassungslosigkeit, Verwirrtheit und Schock in Bezug auf den Verlust.

D. Zeitkriterium: Die Diagnose sollte erst gestellt werden, wenn mindestens 6 Monate nach dem Todesfall vergangen sind.

E. Beeinträchtigung: Die Störung verursacht klinisch relevante Beeinträchtigungen im sozialen, beruflichen oder anderen wichtigen Funktionsbereichen (z.B. häusliche Verantwortlichkeiten).

F. Verbindung zu anderen Störungen: Die Störung kann nicht besser durch die Diagnose einer Major Depression, einer Generalisierten Angststörung oder einer Posttraumatischen Belastungsstörung erklärt werden.

Laut Flueler und Frostmeier existieren bis jetzt keine methodisch verlässlichen Studien, wie hoch die Prävalenz der

Prolongierten Trauerstörung ist, da die Diagnosekategorie noch neu ist. Das ICD-11 sollte 2018 erscheinen und dann wird man sehen, welche Diagnosekategorien darin Eingang gefunden haben.

Diese Unterscheidung zwischen normaler, gesunder Trauer und pathologischer / erschwerter / komplizierter Trauer hat insofern Bedeutung für die Bewertung von Angeboten der Trauerberatung, als Metaanalysen immer wieder die Ergebnisse zeigen, dass Trauerberatungs-, Interventions- oder Trauertherapieangebote bei normaler Trauer keine wissenschaftlich nachweisbaren Effekte zeigen, sondern nur bei Formen der erschwerten Trauer. (So z.B. im Überblicksartikel von Birgit Wagner, „Wirksamkeit von Trauerinterventionen und Therapien. Ein Überblick" in Psychotherapie im Alter, Hrsg. von S. Forstmeier et al. Heft 4, 10. Jahrgang 2013, S.S. 439-451). Auch Znoj berichtet von einer Metaanalyse (Hansjörg Znoj, Komplizierte Trauer, Göttingen, Hogrefe, 2004, S. 67.) von Fortner und Neimeyer, in der 23 Trauerinterventionsstudien analysiert wurden. Auch dort wurden nur sehr niedrige Effekte gefunden. Diese stiegen an, wenn nur fünf Studien berücksichtigt wurden, in denen nur Fälle mit komplizierter Trauer vorkamen. Es handelt sich hier aber auch um ein messtheoretisches Problem, den Effekt einer Intervention auf ein psychisches Phänomen, die normale Trauer, zu messen, wobei die normale Trauer genau dadurch definiert wird, dass sie im Laufe der Zeit von selbst nachlässt.

Es wird derzeit innerhalb der Palliativmedizin und in der Hospizbewegung im Moment heftig diskutiert, welche Auswirkungen es auf die jetzige Trauerbegleitungslandschaft hat, wenn der Begriff der Trauerstörung Eingang findet in die diagnostischen Manuale. Im DSM V im Amerikanischen Bereich schon geschehen, steht der Schritt für 2018 für das ICD11 noch aus. Soll hier eine Pathologisierung aller Trauernden erfolgen oder soll trauernden Menschen geholfen werden, die dann einen Anspruch auf Psychotherapie auf Krankenkassenschein haben? Werden ganze Trauercafés und Trauerbegleitungsangebote leer, füllen sich stattdessen die Warteräume von Psychiatern und Psychotherapeuten? Jan Gramm postuliert, dass beide Angebote, professionelle Psychotherapie und ehrenamtliche Trauerbegleitung voneinander lernen und sich gut gegenseitig ergänzen können. Es geht nicht um Konkurrenz, sondern um Ergänzung und Begegnung.

Neuere Studien aus dem deutschsprachigen Raum wie z.B. die Studien im Rahmen des Projekts TrauerErLeben von Prof. Michael Wissert belegen durch Befragung und durch retrospektive Analysen der Trauernden eine signifikante Wirkung von Trauerbegleitung, aber auch in erster Linie bei Personen, bei denen bereits ein tiefgehender und komplizierter Trauerprozess vorliegt.

Wissert befragte 682 Trauernde, davon waren 77,6 % weiblich, 19,8 % der Befragten männlich. (2,6% wollten keine Angaben zum Geschlecht machen.)

„Für die Trauernden mit Trauerbegleitung liegen die durchschnittlichen Werte der Gesamtbelastung bei 2,88 (nach dem Todesfall) und bei 1,80 (aktuell). Für die Trauernden ohne Trauerbegleitung liegt der Gesamtmittelwert der Belastung bei durchschnittlich 2,42 (früher) und 1,71 (aktuell). Direkt nach dem Todesfall waren Trauernde, die (dann später) Begleitung genutzt haben, signifikant stärker belastet als

Trauernde ohne Begleitung; der Unterschied der beiden Belastungsniveaus beträgt rund 19 %. Zum aktuellen Zeitpunkt gibt es jedoch keine statistisch signifikanten Unterschiede mehr. Das bedeutet zum einen, dass Menschen, die Trauerbegleitung nutzen, in der Zeit nach dem Todesfall einen höheren Belastungsdruck durch Trauer empfunden haben. Zum anderen ist der Rückgang des Belastungsniveaus bei Menschen mit Trauerbegleitung beträchtlich höher: das Belastungsniveau verbessert sich um rund 37 %, während es für Trauernde ohne Begleitung „nur" um rund 29 % zurückgeht. Dies ist ein relativ starker empirischer Hinweis auf die „Wirkungseinflüsse" von Trauerbegleitung. (http://www.projekt-trauerleben.de/Wirkungen_der_Trauerbegleitung.pdf , Seite 6)

Er ging auch der Frage nach, wer Trauerbegleitung nutzt und kam zu dem Schluss, dass Trauerbegleitung überproportional häufig bei der Trauer um den Lebenspartner und der Trauer um ein Kind genutzt wird. Andere Verwandtschaftsbezüge scheinen seltener das Bedürfnis nach Trauerbegleitung auszulösen. Von den insgesamt 682 Befragten haben rund 75% eine Trauerbegleitung wahrgenommen.

Die Studie von Wissert ist ein erster Beleg, dass die vielen Trauerinterventionen, die in vielen Hospizdiensten, Kirchengemeinden und Pietäten auch durch Ehrenamtliche angeboten werden, Wirkung zeigen. Allerdings zeigt sich auch in dieser Studie, dass bei Menschen mit erschwerter Trauer Wirksamkeit nachgewiesen werden kann, bei Menschen ohne erschwerte Trauerprozesse sind die Effekte nicht signifikant.

Welche verschiedenen Angebote gibt es hier, nicht im klinisch-therapeutischen Bereich, sondern im Bereich der psychosozialen Beratung? Welche Ziele werden hier verfolgt?

William J. Worden beschreibt verschiedene anerkannte Grundsätze der Trauerberatung. Sie soll als erstes den Trauernden helfen, den Verlust als real anzuerkennen. Als zweites soll den Trauernden Hilfe angeboten werden, ihre Gefühle zu benennen und zuzulassen. Dazu gehören vor allem auch Gefühle wie Wut, Schuld, Angst und Hilflosigkeit und Traurigkeit. Ein dritter Grundsatz ist, den Trauernden dabei zu helfen, ohne die verstorbene Person weiterzuleben. Im Weiteren soll den Trauernden ermöglicht werden, den Sinn in ihrem Leben wieder neu zu formulieren. Außerdem soll die Hilfe gegeben werden, die verstorbene Person wieder neu zu verorten.

Eine Trauerberaterin in unserer Stadt drückte das mit folgender Metapher aus: Am Anfang ist die Trauer ein großer, erschlagender, unbehauener Fels. Im Laufe der Trauerarbeit reiben wir uns daran, schmirgeln etwas ab, schlagen Stücke heraus, bis dieser Fels immer kleiner wird. Am Ende wird daraus ein kleiner, fein abgeschliffener Kieselstein. Den tragen wir dann in Gedanken an die verstorbene Person immer bei uns. Trauernde sollen lernen, dem Verstorbenen einen neuen Platz in ihrem Leben zuzuweisen. Außerdem benötigen Trauernde eine Art Erlaubnis, ihrem Trauerprozess mehr Zeit zu geben. Fast alle Trauernden berichten, dass ihre Umgebung ihnen eben nicht diese Zeit lässt, die sie brauchen.

Eine informierende Arbeit ist ebenfalls wichtig: Trauernde sollen über das normale Trauerverhalten informiert werden, um die Gefühle und Verhaltensweisen, die sie jetzt an sich

erkennen, richtig einordnen zu können. In der Trauerberatung sollen außerdem individuelle Unterschiede berücksichtigt werden. Es kann individuell sehr unterschiedlich sein,
wie jemand auf einen Trauerfall reagiert, und zwar auch innerhalb einer Familie. Ebenso in einer Trauergruppe. Hier ist
es wichtig, von vorschnellen Vergleichen der Trauernden untereinander abzuraten. Trauernde sollen nach Worden auch
angeleitet werden, ihre eigenen Bewältigungsstile zu hinter-
fragen, z.b. den sozialen Rückzug, oder auch Alkohol- und
Medikamentenkonsum. Als letzten Grundsatz in der Trauerberatung formuliert Worden, pathologische Entwicklungen
zu erkennen und für eine adäquate Behandlung zu sorgen.

Die Trauerberatung kann in einer Einzelberatung oder in
einer Gruppe durchgeführt werden. Bei Gruppenangeboten
werden oft eine offene Informationsveranstaltung und ein
Vorgespräch vorgeschaltet. Worden empfiehlt, die Teilnehmer von Trauergruppen möglichst homogen auszuwählen
z.B. in Bezug auf die Person, um die sie trauern. Er rät auch
davon ab, Personen aufzunehmen, deren Todesfall weniger
als 6 Wochen zurückliegt.

Es wird unterschieden zwischen offenen und geschlossenen Gruppen. In einer offenen Gruppe können jederzeit Personen hinzukommen oder wegbleiben. Bei geschlossenen
Gruppen meldet sich eine bestimmte Gruppe von Personen
für einen festen Zeitraum an, z.B. für 10 oder 15 Wochen, ein
Treffen pro Woche, meistens nach einem verbindlichen Vorgespräch.

Für geschlossene Trauergruppen empfiehlt Worden bestimmte Grundregeln, die zu Anfang dargelegt werden sollten:

Pünktlicher Beginn und regelmäßiges Erscheinen, Verschwiegenheit nach Außen. Jeder darf selbst entscheiden, ob und wie viel er über den Verlust reden möchte. Jedem Mitglied der Gruppe steht prinzipiell die gleiche Redezeit zur Verfügung. Es soll verhindert werden, dass ein Gruppenmitglied zu viel Redezeit und Aufmerksamkeit an sich zieht. Verzicht auf Ratschläge wird grundsätzlich empfohlen.

Menschen, die an Trauergruppen teilnehmen, haben nach Wordon bestimmte Bedürfnisse, und diese sollte die Leitung der Gruppe kennen, wie z.B. das Bedürfnis nach Zugehörigkeit, das Bedürfnis, sich gleichberechtigt mit anderen in die Gruppe einbringen zu können, und ein Bedürfnis, Zuneigung in der Gruppe zu erfahren, gemocht zu werden, Anteilnahme zu erfahren.

Typische Konflikte in Trauergruppen sind nach Wordon Moralisieren, Personen, die nur schweigend teilnehmen, ein wichtiges Thema erst ganz am Ende der Sitzung ansprechen, Ansprechen der Gruppenleitung, nachdem die Gruppensitzung schon aufgelöst ist. Außerdem wird als störend erlebt, wenn die Gruppenmitglieder sich gegenseitig unterbrechen, sowie das vergleichende Bewerten von Trauerprozessen. Hier geht es darum, dass die Trauernden manchmal miteinander konkurrieren, wer die schlimmere Trauer und den größeren Verlust erlitten hat, umgangssprachlich auch als Märtyrerwettstreit bezeichnet. Diese bewertenden Vergleiche müssen von der Gruppenleitung unterbunden werden. Schwierig ist es auch, wenn Personen sich zu Anfang der Gruppensitzung zu schnell zu sehr öffnen, und sich dann wieder aus dem Gruppengeschehen zurückziehen.

Bei offenen Trauerangeboten besteht das Problem, dass diese Grundregeln und Konfliktsituationen bei jedem Treffen wieder neu erinnert und ausgehandelt werden müssen, da sich die Zusammensetzung der Gruppe von Sitzung zu Sitzung immer wieder ändert.

Arnold Langenmayr gibt in seinem Buch „Einführung in die Trauerbegleitung" freimütig zu, dass er Trauerbegleitung und Trauerberatung nicht scharf voneinander abgrenzen kann. Eine Definition von Trauerbegleitung liefert er nicht und verwendet beide Begriffe wechselweise synonym und überlappend. „In unseren Seminaren taucht oft die Frage auf, was denn konkret der Unterschied zwischen Trauerbegleitung, Trauerberatung und Trauertherapie sei. Ich muss gestehen, dass ich die Begriffe wechselweise verwende, ohne konkrete sachliche Unterschiede damit zu verbinden. Sicher wird man von Trauertherapie eher bei der sogenannten komplizierten Trauer sprechen, aber andererseits wird die menschliche Haltung gegenüber dem Klienten, die das Entscheidende in der Arbeit mit Trauernden darstellt, sich nicht grundlegend zwischen den genannten drei Tätigkeitsbezeichnungen unterscheiden. Ich hatte ursprünglich gedacht, es müsse hier eine klare Differenzierung geben und mir sei nur noch nicht eingefallen, wie diese aussehen könnte. Insofern habe ich in letzter Zeit mit Befriedigung zur Kenntnis genommen, dass andere Kolleginnen und Kollegen sich hiermit nicht nur auch schwer tun, sondern solche Bemühungen für ziemlich überflüssig halten." (Arnold Langmayr, „Einführung in die Trauerbegleitung", Vandenhoeck & Ruprecht, Göttingen, 2013, S. 10 f.)

Eine spezielle Form der Gruppensituation sind Selbsthilfegruppen von Trauernden. Hier ist zu unterscheiden zwischen angeleiteten und selbstorganisierten Selbsthilfegruppen. Im Bereich der Trauernden Eltern finden sich viele Selbsthilfegruppen, eine weitere bekannte Selbsthilfegruppenorganisation ist AGUS (Angehörige um Suizid). Der Kontakt zu Selbsthilfegruppen ist inzwischen durch das Internet sehr erleichtert. Dennoch kann es sein, dass eine Selbsthilfegruppe ohne Leitung für akut Trauernde eine Überforderung darstellt.

Wissert beschreibt, dass Nutzer von Trauerbegleitung folgende Faktoren als besonders wirksam beschreiben: Zuhören, Akzeptanz, Austausch, Blick auf Stärken, Raum für Trauer, Wissen, Methoden. (Wissert, http://www.projekttrauerleben.de/Wirkungen_der_Trauerbegleitung.pdf S. 11)

Im Vergleich zu der fundierten und umfangreichen Literatur zu Trauer, Trauerberatung usw. fanden sich 2012 nur sehr wenige spezifische Veröffentlichungen zum Thema Trauercafé. Der einzige Artikel, den wir 2012 in einer umfangreichen Recherche finden konnten, erschien in einem Reader, den das Münchner Institut für Trauerpädagogik anlässlich einer Fachtagung im Jahre 2000 in Lindau zu den Themen „Trauer-Abschied-Neubeginn" zusammenstellte. (Hrsg. Renata Bauer-Mehren, Karina Kopp-Breinlinger und Petra Rechenberg-Winter: „Kaleidoskop der Trauer", Roderer Verlag, Regensburg, 2003.)

Karina Kopp-Breinlinger schreibt hier über „Das Angebot „Trauercafé" – Ein Projekt offener (gemeindlicher) Trauerarbeit". (Hrsg. Renata Bauer-Mehren, Karina Kopp-Breinlinger und Petra Rechenberg-Winter: „Kaleidoskop der Trauer",

Roderer Verlag, Regensburg, 2003., S. 281- 294) Sie beschreibt darin Erfahrungen aus dem Münchner Raum mit Trauercafé Projekten, die initiiert durch das Münchner Institut für Trauerpädagogik entstanden in Kirchengemeinden.

Ausgangspunkt für diese Projekte sei die Erfahrung gewesen, dass zwar zu offenen Vorträgen über den Umgang mit Trauer- und Verlusterfahrungen häufig sehr viele Interessenten kämen, die wenigsten sich aber im Anschluss festlegen wollten auf eine regelmäßige, wöchentlich stattfindende geschlossene Trauergruppe. Die potentiellen Teilnehmer seien oft unsicher, ob sie ein regelmäßiges, wöchentliches Angebot wollen und ob sie es schaffen würden, regelmäßig zu kommen. Ebenso gibt es häufige Ängste vor eher therapeutisch wirkenden Angeboten.

Kennzeichnend für Trauercafé Angebote sei ihre Niedrigschwelligkeit, denn es ist meistens keine Anmeldung und kein Vorgespräch erforderlich. Eine gewisse Regelmäßigkeit kann auch geboten werden durch einen Termin einmal im Monat. Kopp-Breinlinger spricht davon, dass die Wortschöpfung „Trauercafé" dazu einlade, eine Umgebung zu erwarten, die die meisten Trauernden aus ihrem alltäglichen Leben her kennen. Die Vorstellung soll sein: „Ich kann da hingehen und mehr oder weniger aktiv dabei sein, also auch nur schweigen, nur einen Kaffee trinken. Erst an zweiter Stelle steht der inhaltliche Schwerpunkt, die Arbeit mit der Gruppe." (Karina Kopp-Breinlinger in „Das Angebot Trauercafé – ein Projekt offener (gemeindlicher) Trauerarbeit, S. 281 in Hrsg. Renata Bauer-Mehren, Karina Kopp-Breinlinger und Petra Rechenberg-Winter: „Kaleidoskop der Trauer", Roderer Verlag, Regensburg, 2003., S. 281- 294).

Karina Kopp-Breinlinger beschreibt ein sehr offenes Konzept von Trauerarbeit, zu dem Menschen mit den unterschiedlichsten Verlusterfahrungen kommen können, auch mit Trauer nach Trennung und Scheidung, Trauer unabhängig vom Verwandtschaftsverhältnis zum Verstorbenen, vom Zeitabstand zum Trauerfall und von den Umständen des Todes. Sie betont, dass eine solche offene Trauerarbeit bedeutet, dass neue Personen jederzeit hinzukommen, gehen und wieder fernbleiben können. Dies setze aber bei der Leitung des Trauercafés eine hohe Flexibilität und Methodenkompetenz voraus. Da meistens kein Vorgespräch geführt wird, ist jeder Termin des Trauercafés anders in Bezug auf die Zusammensetzung der Besucher und der von ihnen gewählten Themen. Insofern unterscheidet sich das offene Trauercafékonzept ganz grundlegend von Wordons Empfehlungen für Trauergruppen, die möglichst homogen zusammengesetzt sein sollten in Bezug auf die Beziehung zum Verstorbenen und den zeitlichen Abstand und sich ausschließlich auf die Trauer um Verstorbene beziehen.

Kopp-Breinlinger beschreibt ein Trauercafékonzept, das eingebettet ist in die kirchliche Gemeindearbeit, im Pfarrbrief oder Gemeindebrief angekündigt wird und von den Pfarrgemeinden finanziert wird. Eine hauptamtliche Leitung oder eine Leitung auf Honorarbasis wird kombiniert mit einer Gruppe geschulter Ehrenamtlicher. Um eine geschützte Atmosphäre für den Austausch der Trauernden untereinander zu gewährleisten, haben sich auch hier folgende Grundregeln bewährt: Verschwiegenheit nach Außen, Verzicht auf Ratschläge und Tipps, kein Vergleichen der unterschiedlichen Trauererfahrungen im Sinne „Wer durchlebt die schlimmste Trauer?" oder auch „Wer findet den besten Weg durch die

Trauer?". Die Mitarbeiter des Trauercafés und die Trauernden untereinander sollen „eine Haltung der Wertschätzung,
des Zulassens und Annehmens der eigenen Trauererfahrungen und der Trauer der anderen" finden. „Es geht nicht um
ein möglich schnelles Loswerden der unangenehmen Trauer-
gefühle, sondern um ein bewusstes Hindurchgehen durch
den Schmerz". (Karina Kopp-Breinlinger, 2003, S. 285) Obwohl sie ein offenes Konzept beschreibt, hält sie eine Teilnahme erst ab einem Zeitabstand von 3 Monaten nach dem
Todesfall für sinnvoll. Es wird nicht erklärt, wie dieses Krite-
rium eingehalten wird, denn sie kann dies nicht durch ein
Vorgespräch abklären.

Gleichwohl beschreibt Kopp-Breinlinger in dem Artikel in
einem beispielhaften Ablauf eines Nachmittags in einem
Trauercafé ein gemeinsames Sitzen im Kreis, eine gemeinsame Anfangsrunde, eine gestaltete Mitte, ein Arbeiten mit
künstlerischen und tänzerischen Mitteln (Meditative Tänze
nach Anastasia Geng), ein Arbeiten mit Bildkarten, ein struk-
turierter Austausch zu zweit in je 15 Minuten Wechsel und
ein Abschluss wieder mit einem meditativen Tanz. Meiner
Auffassung nach ist so eine Trauercafégestaltung sehr weit
entfernt von der Alltagserfahrung Cafébesuch und würde
eher einer offenen Trauergruppe entsprechen.

Weiteres theoretisches Material zu Trauercafékonzepten
fanden wir trotz intensiver Recherche nicht, was dann der
Anlass war, dieses Buch zu schreiben. Trotz theoretisch geringem Fundament bieten sehr viele Kirchengemeinden,
Hospizgruppen, ja auch Bestatter Trauercafés an.

Wer bietet in Deutschland Trauerbegleitung an? Wissert
hat in seiner Studie Insgesamt 319 Begleiter befragt. Durch

die Art der Rekrutierung in Kooperation mit dem DHPV (Deutscher Hospiz- und Palliativverband) gelangten die Befragungsbögen überwiegend an Hospizdienste und Hospizgruppen. Von den Befragten waren 83,1% Frauen und 13,8 % Männer. 3,1% haben keine Angaben zum Geschlecht gemacht. Das Durchschnittsalter betrug 54,1 Jahre.

41 % der Begleiter sind in ehrenamtlicher Funktion tätig, 30 % in hauptamtlicher Funktion, davon 8% in Stellen mit mehr 50% Umfang. 16% arbeiten als freiberufliche Begleiter, und 10% auf Honorarbasis in Anbindung an hospizliche oder andere Organisationen. 56% der Befragten waren in einem hospizlichen Kontext tätig, 22 % bei kirchlichen Beratungsdiensten, 8 % bei anderen Formen von Beratungsstellen, 8 % im Krankenhaus, 3 % bei Bestattern. Der berufliche Hintergrund der Trauerbegleiter variiert stark.

2. Ein Beispiel für ein konkretes Projekt

Als Beispiel für ein konkretes Projekt soll hier die Entwicklung eines Trauercafés in einer Großstadt im Rhein-Main-Gebiet in der Zeit von 2010 bis 2017 beschrieben werden. Das Trauercafé war an einen größeren Verein angebunden, der eine Hospizgruppe hatte, aber auch andere Besuchsdienste für ältere Menschen wie z.b. für Menschen mit Demenz. Ebenso gab es in den Räumen des Vereins eine Seniorenbegegnungsstätte und eine Freiwilligenagentur.

2.1. Die Phase vor der Schulung

Die Hospizgruppe im Verein wurde 2002 mit 12 Ehrenamtlichen gegründet. In den ersten Jahren konzentrierte sich die Aufbauarbeit auf die Gewinnung und Schulung von Ehrenamtlichen für die Sterbebegleitung, auf die Öffentlichkeit und auf die Vernetzung in der Region. Bis zum Beginn der ersten Phase des Konzeptes für unser Trauercafé bot die Hospizgruppe keinerlei eigene Trauerbegleitung an, die Ehrenamtlichen waren ausschließlich in Sterbebegleitung geschult. Es gab Flyer und Adressen von Einzelpersonen und Institutionen in der Stadt, die Trauergruppen, Trauercafés und Trauerberatung angeboten haben. Die jährlichen Anfragen nach dem Thema Trauerbegleitung waren eher gering, da wir kein eigenes Angebot hatten und nicht dafür warben. Die Gruppe war bis 2010 auf 25 Ehrenamtliche gewachsen und einige Ehrenamtliche signalisierten, dass sie jetzt Interesse an neuen Aufgaben hätten.

Parallel war es 2009 durch den Start von drei Palliative Care Teams in unserer Stadt zu immer kürzeren Sterbebegleitungen in der Hospizgruppe gekommen. Viele Ehrenamtliche waren unzufrieden damit, dass die Begleitungen nur noch so kurz waren und es stellte sich vermehrt die Frage nach einem eigenen Nachsorgeangebot für die begleiteten Familien. Da die räumlichen Möglichkeiten im Hause für ein Trauercafé sehr gut waren, nahmen wir dann langsam das Projekt in den Blick. In den zweijährlichen Mitarbeitergesprächen mit den ehrenamtlichen Hospizbegleitern zum Jahresende 2010 äußerten 9 Ehrenamtliche der Hospizgruppe ernsthaftes Interesse an einer Mitarbeit an einem neuen Trauerprojekt. Alle Ehrenamtlichen hatten bereits die Schulung und mehr oder weniger Erfahrung als Hospizbegleiter. Als Hauptamtliche standen ich und eine zweite Koordinatorin zur Verfügung, die mit einem Stundenumfang von 10-15 Wochenstunden geringfügig bei uns beschäftigt war. Sie war in der ersten Zeit die entscheidende Ideengeberin und Initiatorin. Uns war zu Anfang der volle Umfang der Schulung und der konzeptuellen Vorarbeit nicht klar.

Ende 2010 ging bei unserem Träger eine größere Spende für die Hospizgruppe ein, die unseren Etat für die Schulungsphase darstellte. Wir machten eine sehr ausführliche Internetrecherche zum Thema Trauercafé und stellten fest, dass es landauf, landab eine Vielzahl von Trauercafés gab, deren Flyer wir alle herunterladen konnten, dass aber eine theoretische Konzeption nicht zu finden war. Ein Anbieter empfahl im Ernst auf seiner Homepage: „Decken sie den Tisch schön, besorgen sie Kaffee und Kuchen, lassen sie die Menschen reden, aber lassen sie jedes Psychologisieren und Beraten!" Das war uns entschieden zu wenig. Auch Anrufe bei verschiedenen Trauerausbildungsinstituten brachten keine Hinweise auf eine gute theoretische Konzeption.

Wir erkundigten uns nach den üblichen Schulungen und stellten fest, dass es unterschiedliche Schulungsmöglichkeiten gab:

- Inhouseschulungen mit offiziellen Referenten der Bundesarbeitsgemeinschaft Trauerbegleitung im Hospizverein selbst.
- Ein Kurs eines Anbieters einer Schulung wird von mehreren Hospizvereinen gemeinsam belegt.
- Entsendung einzelner Ehrenamtlicher und / oder Hauptamtlicher in externe Seminare. (Inkl. Reise- und Unterkunftkosten!)
- Selbstorganisierte Schulungen mit wohnortnahen Referenten, die nicht immer offizielle Zertifikate der BAG Trauerbegleitung ausstellen können.

Tipp: Nach unseren Erfahrungen lohnt es sich, mehrere Angebote zu vergleichen und durchzurechnen!

Wir holten mehrere Kostenvoranschläge ein von Anbietern, die die offizielle Ausbildung zur kleinen Basisqualifikation Trauerbegleitung anbieten konnten. Es gab in unserer Region damals keine offiziellen Ausbilder und die gesamten Schulungskosten mit Reise- und Unterkunftkosten für Referenten und bzw. oder Ehrenamtliche überstiegen unseren Etat bei weitem. Wir entschieden uns also zu einer Inhouseschulung in unserem Hospizverein mit einer lokalen Referentin, mussten dafür aber auf die offiziellen Zertifikate der Bundesarbeitsgemeinschaft Trauerbegleitung verzichten. Von den Inhalten und vom Umfang her entsprach die Schulung der kleinen Basisqualifikation. Dies führte später am Ende der Schulung zu einem Konflikt innerhalb der Gruppe, da sich doch einige Personen die offiziellen Zertifikate „Kleine

Basisqualifikation" erhofft hatten, um an einen anderen Ort oder zu einem anderen Arbeitgeber wechseln zu können.

Tipp: Überlegen Sie gut, in welche Art der Ausbildung Sie investieren, es könnte später Auswirkungen auf den fachlichen Ruf des Trauercafés haben!

Wir organisierten zwölf volle Schulungstage verteilt auf Samstage und Sonntage. Es erwies sich als sehr schwierig, die Termine so zu legen, dass sie möglichst allen Teilnehmern und der Referentin und den beiden Hauptamtlichen zeitlich passten. Daher zog sich die Schulungsphase hin vom 20.11.2011 bis zum 10.6.2012. Ergänzt wurde die Schulung durch ein Wochenende im August 2012 zum Thema Gesprächsführung nach Rogers mit einer anderen Referentin und durch Eigenstudium.

Wir versäumten, wie sich im Nachhinein herausstellte, die Ehrenamtlichen vorher schriftlich zu verpflichten auf eine feste Zeit der Projektteilnahme und eine Kostenselbstbeteiligung im Abbruchfalle. Denn zu allen Ehrenamtlichen bestand bereits ein gewachsenes Vertrauensverhältnis. An den Seminartagen wurde eine einfache Verpflegung durch einen Pizzaservice oder einen einfachen Caterer organisiert. Alle Ehrenamtlichen bekamen die Schulung und die Verpflegung kostenfrei zur Verfügung gestellt. Alle Teilnehmer hatten vor Beginn der Schulung keinen akuten Trauerfall in ihrem persönlichen Umkreis.

Tipp: Überlegen Sie gut, ob sie die Teilnehmer der Schulung kostenfrei teilnehmen lassen oder wenigstens auf eine Zeit des Mindestengagements verpflichten. Im Abbruchfalle kann eine Kostenerstattung nachträglich vereinbart werden.

Dies schützt Sie vor „Mitnahmeeffekten" von Personen, die nur der Schulung wegen teilnehmen wollen.

Im April 2011 war parallel zur Schulung die erste konstituierende Sitzung des neuen Trauercaféteams. Wir sichteten Literatur, begannen mit dem Selbststudium, und versuchten, die Termine für die Schulung festzulegen. Parallel werteten wir unsere Recherche weiter aus. Wir nahmen Kontakt auf zu drei anderen Anbieterinnen von Trauercafés in der Region. Davon zwei Trauercafés von Hospizvereinen und ein Trauercafé einer Kirchengemeinde, wir vereinbarten Besuche bei den „Kolleginnen."

Wir legten einen festen Wochentag fest für die weiteren Teamsitzungen. Wir begannen parallel zur Schulung also bereits mit der Teambildung.

2.2 Die Phase der Schulung und Konzeptentwicklung

Am ersten Schulungstag machten wir einige psychodramatische Aufwärmübungen und Aufstellungen, die zeigten, dass alle Teilnehmer in der Gruppe mich zuerst durch die Vorgespräche kennengelernt hatten. Die älteste und die jüngste Teilnehmerin der Schulung stellten zu ihrer Überraschung fest, dass sie in der gleichen Stadt geboren waren. Wir lernten die Psychodramamethoden schätzen, auch wenn wir sie nicht selbst in unserem Trauercafé anwenden wollten

Eine Ehrenamtliche forderte bereits in der ersten Stunde des Seminars die kategorische Anrede mit dem Du. Das war bisher in unserer Hospizgruppe nicht üblich. Mit Aussicht auf ein noch folgendes ganzes Wochenende mit gemeinsamer Selbsterfahrung im weiteren Verlauf des Seminars stimmte ich zu. Das hatte im weiteren Verlauf Auswirkungen auf die gesamte Hospizgruppe, die sehr irritiert darauf reagierte, dass ich jetzt mit einigen Gruppenmitgliedern per Du war. Anfangs waren alle Mitglieder des Trauercaféteams aktive Mitglieder in der Hospizgruppe. Im weiteren Verlauf hielt das Du dann Einzug in der gesamten Hospizgruppe.

Im Laufe der Fortbildung lernten wir sieben verschiedene Trauermodelle theoretisch kennen. Wir übten an jedem Schulungstag den psychodramatischen Dreischritt aus Aufwärmen, Hauptteil und Schluss. Wir sprachen über alle Phasen der Gruppenentwicklung, die auf unser Team sehr gut passten und auf geschlossene Trauergruppen, die aber nur begrenzt auf die offene Trauerarbeit anwendbar war. Wir lasen alle einen Text im Selbststudium und berichteten darüber in der Gruppe.

Ein ganzes Wochenende diente der Selbsterfahrung, in der wir uns alle gegenseitig unsere Trauerbiographie erzählten. Auch die beiden Projektleitungen nahmen voll an der Selbsterfahrung teil. Die Ausführlichkeit der Selbsterfahrung löste bei einigen Ehrenamtlichen Verwunderung aus und musste immer wieder neu erklärt werden. Außerdem verschoben sich dadurch die Rollen von zwei Projektleiterinnen hin zu Seminarteilnehmerinnen der Schulung. Die Rolle der Projektleitung mussten wir uns nach der Schulungsphase aktiv wieder zurückholen. Eine Schulungsteilnehmerin berichtete später, dass sie dieses Wochenende mit Selbsterfahrung sehr belastet hätte. Sie hätte sich gewünscht, dass ich als Leitung nicht teilgenommen oder mich sehr zurückgehalten hätte. Zu sehen, dass auch ich einige schwere Trauererfahrungen in meinem Leben gemacht hatte, hätte sie sehr irritiert und belastet.

Tipp: Überlegen Sie bewusst, was für Auswirkungen es haben kann, wenn Sie als Leitung der Gruppe gleichberechtigt an der Schulung teilnehmen. Es kann Ihre Rolle in der Gruppe stark verändern, wenn Sie selbst Ihre eigenen Verlusterlebnisse aktiv einbringen. Evtl. ist es besser, selbst in eine eigene Schulung der großen Basisqualifikation zu gehen, während die Ehrenamtlichen die kleine Basisqualifikation erwerben.

Wir lernten Elemente der Gruppendynamik, hier vor allem, was das sichtbare Verhalten und die explizite Kommunikation ist und was sich eisbergartig darunter verbirgt. Wir übten mit verschiedenen gestalterischen Momenten z.B. eine Anfangsrunde zu gestalten, eine Informationsveranstaltung abzuhalten, Arbeiten mit Symbolen. Wir übten ganz unterschiedliche Techniken, eine Gruppensitzung zu gestalten. Außerdem war ein Tag der erschwerten, komplizierten Trauer gewidmet.

Im weiteren Verlauf wurde die Schulung immer mehr auf unsere Bedürfnisse zum Aufbau eines Trauercafés zugeschnitten. Dazu kam, dass der Seminarraum gleichzeitig auch der Raum war, in dem später das Trauercafé angeboten werden sollte. Im psychodramatischen Spiel rückten wir also immer wieder Tische, erprobten verschiedene Sitzanordnungen, übten verschiedene Rollen abwechselnd als Tischleitungen oder trauernde Besucher, verrückten Trennwände im Raum, überlegten, wohin der Kuchen und der Infotisch kommen sollte, wo der Eingang sein sollte. Eine im Laufe der Schulung und des weiteren Projektverlaufs immer wieder viel diskutierte Frage war, ob wir einige kleine Tische oder einen gemeinsamen Tisch anbieten sollten. Die drei Trauercaféprojekte, die wir dann parallel besuchten, arbeiteten alle mit einem gemeinsamen großen Tisch. Insofern entwickelte sich das Konzept parallel zur Schulung.

Aus den vielen Rollenspielen kamen folgende Überlegungen in Gang:

• Das Tischgespräch in der Übung zu halten über 10 Minuten war schon lang. Wie sollten wir 2 Stunden im Trauercafé überstehen?

• Trauernde müssen nicht pausenlos beobachtet werden, ein kurzes Verlassen des Tischs oder eine Ablösung, ein Umsetzen oder Austauschen am Tisch durch eine andere Ehrenamtliche ist denkbar.

• Wie komme ich als Beraterin dazu, jemanden in ein Einzelgespräch zu vermitteln? Das ist am Tisch eher nicht möglich, hier ist die Beraterin / der Berater an der Schwelle sinnvoll. Die Leitung am Tisch sollte nicht aufstehen und die anderen sitzen lassen, hier ist es besser, eine Kollegin zu rufen.

• Wollen wir überhaupt noch einen Thementeil anbieten oder lassen wir dieses Zusatzangebot noch mal ein halbes Jahr ruhen / reifen?

• Die Beraterin hält mit freischwebender Aufmerksamkeit die drei oder vier Trauernden am Tisch im Blick, ist im Gehör bei allen Tischgesprächen dabei. Das zu verfolgen, ist anstrengend. Eine Ehrenamtliche und eine Projektleitung hatten durch Schwerhörigkeit Probleme, bei größeren Gruppengesprächen alles mitzuhören.

- Wenn das ganze Beraterteam an jedem Wochenende komplett anders ist, dann fehlt für die Trauernden die Kontinuität. (Wir dachten bei neun Ehrenamtlichen und zwei Hauptamtlichen anfangs an zwei getrennte Teams im Wechsel.)

- Wir wollen die Solidarisierung und den Kontakt der Trauernden untereinander anregen, dafür Raum geben, und sind als Beraterinnen oder Trauerbegleiterinnen mehr im Hintergrund, nehmen uns sehr zurück.

- Die Begrüßung an der Tür war angenehm.

- Einfach reinzugehen, begrüßt werden, sich an einen Tisch zu setzen, erschien für die Betroffenen einfach.

- Verstanden wir uns als Berater oder eher als Moderatoren des Tischgesprächs?

- Wer sich zuletzt an den Tisch setzte, hatte etwas Schwierigkeiten, sich noch einzuklinken in das Gespräch.

- Ein Gespräch der Trauernden untereinander war vor allem dann gut möglich, wenn die Trauerfälle ähnlich waren. (Zwei Ehrenamtliche stellten zwei Männer mit kleinen Kindern an einem Tisch dar und machten dabei diese Erfahrung.)

- Eine Betroffene brauchte am Tisch eine längere Anlaufzeit, um sich auf ein Gespräch einzulassen.

- Alle Betroffenen äußerten große Zufriedenheit mit den „Beraterinnen" oder Tischleitungen

- Ein Informationstisch oder eine Infobörse mit Flyern und Literatur sollte eher im Vorraum stehen.

- Eine Ehrenamtliche hatte eine Betroffene mit einem sehr akutem Fall (Mutter erst gestern gestorben) gespielt. Das regte die anderen „Betroffenen" am Tisch sehr auf, zumal sie an einem gleichen Tisch saß mit einer Ehrenamtlichen, die eine Tochter gespielt hatte, deren Mutter vor drei Jahren gestorben war. Hier wurden noch mal die Probleme der heterogenen Trauerfälle deutlich.

- Die Dauer der Trauerphase stellt im Vergleich der Trauernden untereinander eine sehr wichtige Bezugsgröße dar. Hier sollten die Berater/innen nicht werten!

- Die Beraterinnen bzw. Tischleitungen blieben ruhig, reagierten nicht erschrocken auf die unterschiedliche Dauer der Trauerphasen.

- Eine Spendendose wäre wichtig, um den Trauernden die Gelegenheit zu geben, auch etwas geben zu dürfen. Die Idee eines festen Eintrittsgeldes oder einer direkten Barabrechnung oder eines Verkaufs pro Stück Kuchen wurde verworfen.

- Wenn die Berater/innen anfangs auch stehen bei der Begrüßung und sich dann auf die Tische verteilen, ist es wichtig, das gut zu vermitteln. Evtl. dreht eine Beraterin dem anderen Tisch dann den Rücken zu oder eine Betroffene ist enttäuscht, weil sie / er sich die andere / den anderen Berater am Tisch gewünscht hätte. (Hier war wieder ein Modell mit mehreren kleinen Tischen ausprobiert worden.)

- Die Berater/innen halten sich aus dem Gespräch zurück, greifen eher moderierend ein bei Konflikten, moderieren zurückhaltend.

- Eine Ehrenamtliche, die eine Betroffene spielte, und eine Ehrenamtliche, die eine Beraterin spielte, haben Hilfestellungen vermisst. Was ist das Trauercafé, wie erkläre und vermittele ich das Konzept?

- An einem Tisch haben die drei Ehrenamtlichen, die die Trauernden spielten, sehr viel geredet, eine andere hielt sich sehr zurück. Die Beraterin versuchte, die zurückhaltende Person mit ins Gespräch einzubinden. Es entstand ein Wunsch der Berater: Niemand soll sich ausgeschlossen fühlen und außen vor bleiben.

- Das Potenzial der Trauernden untereinander, sich gegenseitig zu stützen und zu begleiten, soll angeregt werden.

- Das Trauercafé soll ein Angebot sein, die Trauernden aus ihrer Isolation zu holen, einen geschützten Rahmen bieten, sich auszutauschen und andere Trauernde kennen zu lernen.

- Die Gesprächsdynamik an den Tischen war sehr lebendig. Alle sprachen spontan los. Es gab gar nicht so viel Zeit für die Beraterinnen, sich und ihr Konzept vorzustellen. Eine kurze Vorstellung wäre aber sinnvoll.

- Namensschilder für die Beraterinnen bzw. Tischleitungen und Ehrenamtlichen sind wichtig.

- Die Erwartungen der Betroffenen konnten gar nicht klar erfragt werden, das Gespräch ging gleich los. (Bei einer längeren Zeit wäre dafür evtl. doch noch etwas Luft gewesen.)

- Es gab unter den Ehrenamtlichen die Angst, dass die Betroffenen stumm da sitzen und sich anschweigen und dass nur mühsam ein Gespräch in Gang kommt. Dies wurde von der Ausbilderin entkräftet.

• Guter Kuchen ist wichtig, nette Tischdekoration, die Getränke sollten vielleicht besser gleich auf den Tischen stehen.

• Die Hilfestellung der Trauernden untereinander klappte teilweise ganz gut (bei Ähnlichkeit des Alters, der Fälle, des Geschlechts), teilweise klaffte aber die gegenseitige Wahrnehmung der Trauerfälle sehr auseinander.

• Eine Trauernde war so auf ihre eigene Geschichte konzentriert, dass sie gar nicht offen war, anderen zuzuhören.

• Die Berater/innen haben es sehr gut geschafft, das Gruppengespräch zu halten, so dass alle sich einbringen konnten und niemand ermutigt wurde, seine ganze Leidensgeschichte gleich am Anfang in voller Länge zu erzählen.

• Eine Beraterin ertappte sich bei der Versuchung, in der Verabschiedung, in der Tür- und Angelsituation doch noch gute Tipps und Ratschläge mit auf den Weg zu geben.

• Eher spirituelle, weltanschauliche Fragen (Wie geht es dem Toten jetzt? Wo ist er? Was spürt / fühlt / sieht er jetzt?) sollten bewusst offen gehalten werden, die Beraterinnen bzw. Tischleitungen sollten hier keine Stellung beziehen.

• Zwei Personen im Hintergrund für Empfang, Service oder Krisenintervention wären gut.

Wir gingen anfangs bei der Größe des Teams davon aus, in zwei Schichten zu arbeiten, immer eine Hauptamtliche im Wechsel mit der anderen, jeweils fünf Ehrenamtliche im

Wechsel. Später wurde das Team aber kleiner und mehr Personen waren kontinuierlich bei jedem Wochenende dabei.

Parallel zur Schulung der ganzen Gruppe besuchten die zwei Hauptamtlichen eine Fortbildung bei Tabea e.V. in Berlin. Auch hier wurde mit verschiedenen Materialien geübt, eine Gruppensitzung zu gestalten. Es gab nur sehr wenige Anregungen zur Gestaltung eines offenen Trauercafés. Die ausgesuchte Fortbildung erwies sich trotz des Titels, der direkt Bezug nahm auf das Thema Trauercafé, als ein Baustein einer langfristigen Fortbildungsreihe mit vielen Modulen.

Was wir als wichtigste Erkenntnis aus dieser Fortbildung mitnahmen, war die Anregung, auch bei einem offenen Trauercafé die Zielgruppe durch die Art der Einladung und Ausschreibung etwas homogener zu gestalten. Wir brachten das in die Gruppe mit und entschieden uns, uns auf eine Personengruppe zu konzentrieren, die uns aus der Hospizarbeit gut vertraut war: Personen, die um erwachsene Angehörige oder Freunde trauern, die nach einem Krankheitsprozess gestorben waren. Diese Zielgruppeneinengung war so gestaltet, dass sie auch anderen Besuchsdiensten unseres Hauses (z.B. dem Demenzbesuchsdienst) die Möglichkeit einräumte, anderen Klienten unser Café zu empfehlen. Dennoch mussten wir alle immer wieder intern und extern diese Einengung der Zielgruppe verteidigen.

Wichtige Erkenntnisse zu den Aufgaben eines Trauercafés aus dem Workshop bei Tabea e.V. waren mögliche Aufgaben eines Trauercafés.

Aufgaben eines Trauercafés:

1. Dem/der Trauernden die Möglichkeit geben, aus seiner/ihrer Isolation zu gehen;

2. Dem/der Trauernden den Raum bieten, der Sicherheit und Geborgenheit bietet;

3. Dem/der Trauernden Zeit für persönliche Begegnungen zu vermitteln;

4. Der/die Trauernde kann sich mit Gleichgesinnten im Gespräch austauschen;

5. Der/die Trauernde wird gebeten sich an die erarbeiteten Regeln im Umgang im miteinander zu halten;

6. Das Trauercafé bietet einen geschützten Raum und psychosoziale Unterstützung;

7. Der/die Trauernde kann sich zurückziehen oder sich mit anderen Besuchern thematisch, kreativ mit seiner Trauer auseinandersetzen;

8. Den/die Trauernde zu unterstützen, dass sie/ er zu ihrem/ seinem Alltag/ Realität findet;

9. Die Trauerbegleitung ersetzt kein psychotherapeutisches Gespräch;

10. Das Trauercafé dient als „Krücke", als Unterstützung der Trauernden, es sollte eine dauerhafte Abhängigkeit vermieden werden (Hilfe zur Selbsthilfe);

11. Nach dem Ablauf vom Trauercafé finden regelmäßig Teambesprechungen und Dokumentation statt (Psychohygiene);

12. Zu einer externen Supervision wird geraten (Psychohygiene).

Außerdem entschieden wir uns, den Infotisch großzügig zu bestücken und Informationsmaterialien für die unterschiedlichsten Trauerangebote in unserer Stadt vorrätig zu haben. Anfangs wollten wir auch Bücher und Broschüren auszulegen. (Später nahmen wir die Bücher aus dem Programm, da sie regelmäßig mitgenommen und nicht mehr zurückgebracht wurden!)

Tipp: Überlegen Sie, ob Sie in Ihrem Trauercafé ebenfalls auf andere Trauerprojekte und Trauerberater hinweisen wollen. Kleine Broschüren über Trauer lassen sich z.b. preiswert im Broschürenversand der Diakonie oder der IGSL bestellen.

Parallel zur Schulung hatten wir Kontakte zu drei Trauercafés aus der Region und die Kolleginnen dort besucht. Ein Trauercafé wurde in einer katholischen Gemeinde angeboten und nur von drei Ehrenamtlichen gestaltet. Der Raum war klein, sehr gemütlich von der Ausstattung, eine Mischung aus Café und Wohnzimmer. Die Besuchergruppe war eher klein, im Schnitt drei bis sechs Besucher. Die ehrenamtlichen Mitarbeiterinnen berichteten, dass sie nur Kekse anbieten und dass es sehr schwer sei, auf einen pünktlichen Beginn und ein gemeinsames Ende hinzuarbeiten. Die Besucher wurden durch den Gemeindebrief und die pastoralen Besuche in der Gemeinde auf das Angebot aufmerksam. Die konfessionelle Struktur der Besucher war daher recht homogen. Die Hauptaussage der drei Ehrenamtlichen war, dass die Arbeit in einem Trauercafé eine sehr lohnende sein kann, auch wenn nur vier bis sechs Besucher kommen. Es wurde mit sehr zurückhaltender Moderation gearbeitet und keine Arbeit mit Symbolen oder kreativen Elementen angeboten.

Das zweite Trauercafé, das wir besuchten, wurde schon seit 10 Jahren von einer Hospizgruppe angeboten und hatte sich inzwischen auf ca. 40 Besucher gesteigert. Aufgrund der Größe der Gruppe musste mit mehreren Tischen gearbeitet werden, und es gab auch ergänzende Angebote wie gemeinsame Wanderungen. Die Mitarbeiter waren teils im Ehrenamt, teils im Hauptamt tätig. Die vielfältige Trauerarbeit dieser Hospizgruppe war bereits fortgeschritten und gut etabliert.

Vom dritten Trauercafé kam uns die Koordinatorin besuchen und berichtete von ihrer Arbeit im Trauercafé. Auch dieses Trauercafé wurde von einer Hospizgruppe angeboten. Das Team war hier sehr klein, außer der Koordinatorin gab es noch drei Ehrenamtliche, von denen nur eine als Trauerbegleiterin geschult worden war. Eine Ehrenamtliche qualifizierte sich einfach durch das Backen von zwei sehr guten Torten je Treffen und durch ihre eigene Lebenserfahrung als Witwe. Hier hatte die Gesprächsleitung immer die Koordinatorin. Es gab einen gemeinsamen Tisch und eine gemeinsame Anfangsrunde, in der für jeden Verstorbenen eine Kerze angezündet und der Name des Verstorbenen genannt wurde. Parallel zum offenen Trauercafé existierte in dieser Hospizgruppe ein Angebot von geschlossenen Trauergruppen, die von einer Gestalttherapeutin angeboten wurden.

2.3. Der Flyer

Parallel zur Schulungsphase erarbeiteten wir im Team auch den Flyertext. Wir entschieden uns für folgende Texte im Innenteil:

Trauercafé der Hospizgruppe XY.

Das Trauercafé ist ein Angebot für Sie, wenn Sie einen erwachsenen Angehörigen oder Freund durch eine schwere Erkrankung verloren haben. Wir kooperieren mit Hospizdiensten, Pflegediensten, Palliativteams, Hospizen und Palliativstationen.

Auch Angehörige, die von Besuchsdiensten des Hauses begleitet wurden, sind herzlich eingeladen. Das Café wird organisiert und geleitet von Hauptberuflichen und Ehrenamtlichen der Hospizgruppe.

Langjährige Erfahrungen in der Begleitung sterbender Menschen und ihrer Angehörigen zeichnen die Hospizgruppe aus. Das Team verfügt über eine Zusatzqualifikation in Trauerbegleitung.

Dazu wählten wir in der Mitte des Innenteils folgendes Gedicht von: Khalil Gibran

Dass die Vögel der Traurigkeit

über deinem Kopf kreisen

kannst Du nicht verhindern.

Aber dass sie Nester in

deinem Haar bauen,

das kannst Du verhindern.

Und als weiteren Text gab es im Innenteil zu lesen:

Mit dem Schmerz nicht allein bleiben...

Der geliebte Mensch, um dessen Pflege und Betreuung sich bislang alles drehte, ist jetzt nicht mehr da und hinterlässt eine große Lücke. Und obwohl der Tod nicht unvorbereitet eingetreten ist, ist dennoch alles anders. Es ist nicht leicht, Menschen zu finden, die einen verstehen. Mit anderen in ähnlicher Situation zu sprechen, kann Trost geben.

In der Trauer nicht alleine bleiben, sich mit anderen Trauernden treffen, Kontakte untereinander pflegen, sich austauschen, miteinander reden, schweigen, zuhören und Unbegreifliches in Worte fassen - dazu möchte das Trauercafé Ihnen bei Kaffee und Tee Raum und Zeit geben.

Das Angebot ist unabhängig von Religion und Nationalität.

Die Teilnahme ist unverbindlich und kostenfrei.

Eine Anmeldung ist nicht erforderlich.

Das Team freut sich auf Ihren Besuch.

Auf den Außenteil des Flyers hatten wir Uhrzeit, Termine und Kontaktdaten und einen allgemeinen Text über den Träger gestellt. In der Anfangsphase des Projektes kündigten wir auf dem Flyer auch eine telefonische Sprechstunde an, die dann aber später wegfiel, da sie nur selten in Anspruch genommen wurde. Als Bild wählten wir einen entwurzelten Baum.

Ein kleines Einlegeblatt kündigte noch einmal die konkreten Termine des nächsten halben Jahres an. Es sollte ermöglichen, in die Küche oder neben das Telefon gehängt zu werden und an die Termine zu erinnern.

Am Ende der Schulungsphase wurde das Konzept in mehreren Durchgängen schriftlich formuliert, ausgehend von zwei Mind Maps bis zu einem flüssigen Text.

2.4. Erste Konflikte im Team

Nach der Schulung gab es erste Konflikte im Team. Durch die Rollenverschiebung in der Schulungsphase mussten sich die beiden Projektleitungen noch einmal neu als Leitung im Team behaupten. Es stand von Seiten der Ehrenamtlichen auf einmal die Frage im Raum, ob das Projekt überhaupt eine Leitung hätte oder nicht doch rein basisdemokratisch funktionieren sollte. Hierzu mussten sich die Projektleitungen positionieren, dass das Projekt von Anfang an mit hauptamtlicher Leitung geplant worden war. Außerdem gab es Konflikte wegen der Zertifikate. Einige Ehrenamtliche waren aufgrund eines Missverständnisses ausgesprochen wütend, dass es nicht die offizielle „Kleine Basisqualifikation Trauerbegleitung" gab. Es stellte sich dann im Laufe des nächsten halben Jahres heraus, dass diese zwei Ehrenamtliche nur sehr kurz im Projekt verblieben und wohl gehofft hatten, diese auch beruflich anerkannte Qualifikation an einen anderen Ort mitnehmen zu können.

Nach der Schulungsphase gab es noch mal Einzelgespräche mit allen ehrenamtlichen Mitarbeiterinnen und Mitarbeitern.

Es wurde dabei ein Profilbogen ausgefüllt, in dem die Ehrenamtlichen angeben konnten, welche Rollen sie sich innerhalb des Trauercafés zutrauten. Einige Ehrenamtliche waren nur bereit, ein halbes Jahr im Projekt zu verbleiben, andere nur für ein Jahr.

Nach vier Jahren sind nur noch zwei der ursprünglich neun geschulten Ehrenamtlichen im Projekt aktiv gewesen und die Festangestellte mit geringfügigem Beschäftigungsumfang hatte auch gewechselt. Es sind fünf neue Ehrenamtliche ins Projekt hinein gekommen. Aufgrund von finanzieller Knappheit konnte den fünf neuen Ehrenamtlichen nicht noch einmal eine solch umfassende Schulung gewährt werden, so dass wir am Ende doch in einem sehr gemischten Team arbeiteten. Es war aber so, dass alle wenigstens eine Schulung als Hospizhelferinnen oder Hospizhelfer hatten und dass eine Grundschulung in Gesprächsführung nach Rogers durch eine externe Referentin für alle erfolgte.

Zwei der neu ins Projekt hineingekommenen Ehrenamtlichen waren selbst Witwen mit ausreichend Zeitabstand von fünf Jahren. Sie thematisierten in den Supervisionen oft eine besondere Sicht aufgrund der durchlebten eigenen Betroffenheit. Alle Jahre über stand das Trauercaféprojekt unter einem heftigen Finanzierungsdruck und es war sehr schwer, einzelne Stiftungen dafür zu gewinnen, wenigstens in geringem Umfang Mittel zu stiften.

Fünf Ehrenamtliche sagten für ein halbes Jahr zu, die Mitarbeit für ein Jahr sagten nur vier Personen und die Hauptamtliche zu. Es gab erste Überlegungen im Team, dass sich innerhalb des Teams neue Hierarchien bilden könnten, da sich zwar erst viele für Gesprächsleitung gemeldet hatten, dann aber im realen Verlauf nur wenige die Tischleitung übernahmen.

Es wurde immer wieder diskutiert, ob wir nach dem Prinzip „Jeder macht alles" verfahren sollten, oder ob Vorlieben, Ängste und Schwächen im Team berücksichtigt werden sollten. Es gab Personen, die sich mit Kaffee kochen, Tisch decken, schöner Deko gestalten und zuhören sehr wohl fühlten. Es gab andere, die gerne die Gesprächsführung übernahmen. Daraus entwickelte sich manchmal eine heimliche, unausgesprochene Rollenteilung, die immer wieder neu ausgehandelt und diskutiert wurde. Hier musste ich als Teamleitung immer wieder strukturierend eingreifen. Auch in den Supervisionssitzungen wurde viel diskutiert über diese Rollenteilung. Eine Ehrenamtliche schied aufgrund dieser Themen ganz aus.

2.5. Das Konzept des Trauercafés

Ende August 2012 wurden nach der Schulung das Konzept und Leitbild des Trauercafés formuliert.

Tipp: Wenn Sie ein Konzept für Ihr Trauercafé schreiben wollen, gliedern Sie es in ein allgemeines Leitbild und in eine Beschreibung der vorgesehenen Abläufe und Aufteilungen. Beschreiben Sie alle Vorteile Ihrer Einrichtung genau. Bedenken Sie, dass Sie Förderern und Sponsoren dieses Konzept vorlegen müssen und evtl. auch Reportern, die berichten wollen. Im praktischen Alltag hat es sich für uns als sinnvoll erwiesen, das Konzept in einer Kurz- und einer Langfassung vorrätig zu halten. Sponsoren wollen oft ausführlichere Informationen, Reporter bevorzugen eine Kurzfassung. Beschreiben Sie ruhig auch den Entwicklungsverlauf des Projekts und wie Sie es in die Hospiz-, Palliativ- und Trauerszenerie Ihrer Stadt oder Ihres Ortes einbetten wollen.

2.6. Beispiel für ein Leitbild und Konzept

Die haupt- und ehrenamtlichen Mitarbeiterinnen der Hospizgruppe wollen mit dem Trauercafé ein Angebot für Menschen machen, die einen erwachsenen Menschen durch Tod verloren haben und in ihrer Trauer Unterstützung und Austausch mit anderen Trauernden suchen. Das Trauercafé ist ein zusätzliches Projekt der Hospizgruppe. Der Verein XY. trägt dieses Projekt und bietet den räumlichen und finanziellen Rahmen dafür.

• Wir laden Menschen ein, die den Tod ihres Angehörigen im Zusammenhang mit einer unheilbaren oder fortgeschrittenen Erkrankung erlebt haben, z.B. Demenz, AIDS oder Krebs.

• Wir wollen Menschen in der ganzen Stadt ansprechen, die vorher Kontakt zu einer hospizlichen oder palliativen Einrichtung hatten oder durch eine Erkrankung in ihrer Situation den Tod ihres Angehörigen kommen sahen.

• Wir laden Trauernde ein, gemeinsam mit uns und anderen Trauernden zu sprechen, Informationen zu erhalten, ein Buch zu lesen, Kaffee und Gebäck zu genießen oder einfach da zu sein.

• Das Trauercafé ist ein offenes, niedrigschwelliges Angebot: Ziel ist es, außerhalb der eigenen vier Wände in Kontakt mit anderen Trauernden in einer ähnlichen Situation zu kommen. Das Trauercafé wird von geschulten Ehrenamtlichen und zwei hauptamtlichen Kräften betreut.

• Wir bieten einen geschützten Rahmen und eine wertschätzende Atmosphäre. Das Team der Trauerbegleiterinnen steht unter Schweigepflicht. Wir bieten Gespräche am Tisch und bei Bedarf auch Einzelgespräche an. In weiterer Zukunft könnten auch weitere Angebote, z.B. Wanderungen durchgeführt werden.

• Das Angebot ist weltanschaulich neutral und offen für Menschen aller Konfessionen und Weltanschauungen.

Das Trauercafé steht für:

• Das Recht jedes trauernden Menschen auf eine angemessene, respektvolle Unterstützung im Trauerprozess.

• Die Anerkennung von Trauerprozessen als natürlich, lebensverändernd und unterstützungswürdig.

• Vernetzung von Angeboten der Trauerbegleitung in unserer Stadt.

• Gemeinsames Engagement von Haupt- und Ehrenamtlichen in der Trauerbegleitung als qualifiziertem Beratungsangebot.

• Einen geschützten Rahmen für trauernde Menschen, um sie aus ihrer Isolation zu holen und Ihnen Raum zu geben, um andere Trauernde zu treffen und sich auszusprechen.

• Eine Vernetzung von palliativen Angeboten, Hospizarbeit und Trauerbegleitung in unserer Stadt.

- Die Enttabuisierung der Themen Sterben, Tod und Trauer, um sie wieder in das Leben zu integrieren.

Vorüberlegungen zur Entwicklung des Konzepts

In den letzten drei Jahren (betraf die Jahre 2009-2011) ist es durch den Einsatz der Palliativ Care Teams in unserer Stadt zu einer deutlichen Verkürzung der ehrenamtlichen Einsätze der Hospizgruppe gekommen. Die Ehrenamtlichen der Hospizgruppe gelangen oft deutlich später in die betroffenen Familien.

Es entwickelten sich in Folge vermehrt kurze, intensive Begleitungen, aus denen heraus der Wunsch nach einem eigenen Angebot der Hospizgruppe an Trauernachsorge für die Angehörigen gewachsen ist. Durch die verkürzten Begleitungen gab es im Team der Ehrenamtlichen in der Hospizgruppe freie Zeitkapazität und den Wunsch nach einem zusätzlichen Engagement in diesem Bereich.

Eine Analyse der Landschaft von Trauerangeboten in unserer Stadt hat ergeben, dass es einige offene und geschlossene Trauergruppen gibt und auch drei andere Trauercafés. Die jetzigen Trauercafés sind aber alle an kirchliche Träger angeschlossen und arbeiten mit einem der Seelsorge nahestehenden Konzept.

Wichtig sind uns die weltanschauliche Neutralität, der enge Bezug zum bürgerschaftlichen Engagement und die gute Vernetzung mit palliativen und hospizlichen Angeboten in der Stadt. Ein Palliativteam und zwei stationären Hospize hatten bereits zu Anfang Interesse signalisiert, ihren Angehörigen dieses Angebot zu übermitteln.

Konzept des Trauercafés

Der äußere Rahmen

Das Trauercafé

- liegt zentral und ist gut mit öffentlichen Verkehrsmitteln zu erreichen

- in der Nähe gibt es einen Park und Grünflächen für kleinere Spaziergänge, für sogenannte Ge(h)spräche.

- Es gibt zwei Parkhäuser,

- zwei behindertengerechte Parkplätze,

- und das Gebäude ist barrierefrei zugänglich.

Die Räume im Erdgeschoss sind

- rollstuhlgerecht und barrierefrei,

- hell und freundlich,

- mit Hilfe mobiler Raumteilern gut teilbar,

- mit Ausgang zur Terrasse.

- Angebote im Außenbereich sind möglich.

- Es existiert eine Vollküche.

- Es gibt Toiletten für Menschen mit körperlichen Behinderungen.

- Es gibt kleinere Besprechungsräume für vertrauliche Einzelgespräche.

- Es gibt die Möglichkeit eines Informationstisches mit Büchern und Infobroschüren.

Der zeitliche Rahmen

Nach der Erfahrung vieler Trauernden und Trauerbegleiter stellt vor allem der Sonntagnachmittag für Trauernde ein besonderes Loch im Ablauf der Woche dar. Daher erschien uns ein Angebot an einem Sonntagnachmittag im Monat sinnvoll. Damit wäre das Trauercafé auch für jüngere, berufstätige Trauernde gut nutzbar.

Diese Zeit ist im Voraus gut planbar. Ergänzt werden soll dieser Sonntagnachmittag durch eine telefonische Sprechstunde an einem Dienstagnachmittag nach dem Sonntag des Trauercafés.

Zugang der Trauernden zum Angebot

Da akut Trauernde oft mit erheblichen Stimmungsschwankungen zu kämpfen haben und ihren Alltag als wenig planbar erleben, erscheint ein niedrigschwelliges Angebot ohne Voranmeldung sinnvoll. Wer sich dennoch über das Angebot informieren will, kann die spezielle telefonische Sprechzeit oder auch ganz allgemein die telefonische Erreichbarkeit des Arbeitsbereiches „Lebensbegleitung bis zum Tode" nutzen.

Für die Öffentlichkeitsarbeit wird ein Flyer entwickelt, der zumindest die Termine des ersten halben Jahres und das Angebot des offenen Gesprächs im Trauercafé enthält. Falls das Angebot später um thematische Gruppenarbeit und/ oder Wanderungen erweitert werden soll, kann auch der Flyer weiter entwickelt werden.

Trauernde werden über die Weitergabe des Flyers (mit dem Kondolenzbrief oder persönlich übergeben) auf das Angebot aufmerksam. Außerdem wird der Flyer in einigen öffentlichen, palliativen und hospizlichen Einrichtungen ausliegen. Kurze Pressemeldungen werden in der Anfangsphase vor dem Treffen sinnvoll sein. Auf der Homepage des Vereins. wird ebenfalls auf das neue Angebot hingewiesen.

Geschätzte Besucherzahl

In der Anfangsphase kann nach den Erfahrungen anderer Trauercaféanbieter in der Region pro Treffen mit keinem bis zu ca. 10 Besuchern gerechnet werden. Ein Trauercaféanbieter berichtet im längeren Betrieb von einem Anwachsen der Besucher auf über 40 Personen. Ein im Voraus angekündigter Termin soll auf alle Fälle durchgeführt und nicht abgesagt werden.

Begründung der Zielgruppe

In einer Beratung durch TABEA e.V. Berlin und durch das Trauerzentrum Frankfurt wurde uns dringend dazu geraten, die Zielgruppe etwas einzuschränken, um die Vergleichbarkeit und Solidarisierung der Besucher untereinander zu fördern und um ein tragfähiges offenes Angebot machen zu können.

Trauernde, die ein minderjähriges Kind verloren haben, suchen in aller Regel ein anderes, speziell auf sie zugeschnittenes Angebot auf. Für Trauernde nach Suizid gibt es in unserer Stadt ein sehr gutes Angebot einer speziell darauf zugeschnittenen, angeleiteten Gruppe. Trauer nach akuten Unfällen oder gar Mord bedarf oft einer professionellen Intervention.

Menschen, die einen erwachsenen Angehörigen durch Krebs, Demenz, Alterstod oder chronische Erkrankungen verloren haben, sind dem Team bereits aus der Hospizarbeit vertraut. Hierfür bestand im Team die größtmögliche Handlungssicherheit. Daher soll sich zumindest in den ersten Jahren das Angebot des Trauercafés auf diese Zielgruppe beschränken. Dies soll auch in der Ausschreibung (Flyer, Pressemeldungen) klar erkennbar sein.

Wegen einer sinnvollen Vernetzung mit anderen Angeboten in unserer Stadt und um auf weiterführende Angebote verweisen zu können, sollen von anderen Angeboten Flyer, Informationsmaterial oder zumindest die Kontaktadresse zur Verfügung stehen.

Schulung der Mitarbeiterinnen

Das Team der ehrenamtlichen und hauptamtlichen Trauerbegleiterinnen wurde in 80 Zeitstunden durch zwei Referentinnen geschult.

Die Schulungsinhalte waren:

- Psychologie der Trauer
- Wissenschaftliche Modelle der Trauer
- Gruppenprozesse und Gruppendynamik
- Aufbau offener und geschlossener Trauergruppen
- Selbsterfahrung zu eigenen Trauerprozessen
- Leitungskompetenz bei Gruppen

- Unterschiede normaler und komplizierter Trauer
- Trauer bei Kindern
- Praxisorientierte Gruppenarbeit
- Methoden der Gruppengestaltung
- Ausprobieren verschiedener Leitungsstile
- Psychodramatisches Spielen und Erproben der Situation im Trauercafé
- Einführung in die Klientenzentrierte Gesprächsführung

Im Rahmen der gesamten Schulung waren außerdem kurze Themeneinheiten im Selbststudium zu erarbeiten. Alle Teammitglieder haben vorher eine Hospizhelferschulung oder eine Palliative Care Ausbildung erhalten. Jedes Teammitglied verfügt über Erfahrung in der Hospizarbeit, die meisten über mehrjährige Erfahrung.

Damit entspricht die Schulung der ehren- und hauptamtlichen Mitarbeiter dem von der Bundesgemeinschaft Trauerbegleitung vorgeschlagenen Rahmen, Inhalt und Umfang der „kleinen Basisqualifikation Trauerbegleitung", auch wenn die Ausbildung aus Kostengründen nicht durch ein offiziell zum Zertifikat berechtigtes Institut durchgeführt werden konnte.

Geplanter Ablauf eines Sonntagnachmittags

Das Team trifft sich ca. 1,5 Stunden vor ausgeschriebenem Beginn, um den Raum zu richten, die Tische einzudecken und Kaffee zu kochen. Salziges und süßes Gebäck und Getränke werden vom Haus gestellt.

Eine Person wird sich auf die Begrüßung am Eingang konzentrieren, eine Person auf die praktische Bewirtung und drei Personen auf das Gespräch an einer Tafel/ an den Tischen. In der Anfangsphase, wenn nur wenige Besucher erwartet werden, scheint ein gemeinsamer Tisch mit einer gemeinsamen Eingangsrunde sinnvoll.

Nach der Eingangsrunde kann Kaffee und Tee gereicht werden, das Gebäck steht schon auf dem Tisch. Danach kann ein Thema aus der Eingangsrunde aufgegriffen werden oder es ergeben sich Gespräche unter den Besuchern.

Die Mitarbeiterinnen des Trauercafés am Tisch verstehen sich als zurückhaltend moderierende Gesprächsleitung, die dafür sorgen, dass der geschützte Rahmen erhalten bleibt, das Gespräch in Fluss bleibt und dass die „Gesprächsregeln" beachtet bleiben. Dazu ist eine Tischkarte entworfen worden, die auf dem Tisch stehen könnte.

Erhöhte Aufmerksamkeit muss auf der besonderen Verletzlichkeit und Empfindsamkeit der Trauernden liegen, die durch Ratschläge, Wertungen und Abwertungen, Vergleiche untereinander empfindlich gestört werden können.

Auch die Mitarbeiter halten sich mit Ratschlägen und Wertungen sehr zurück und bieten einen achtsamen Raum des Zuhörens und bleiben mit gleichmäßig freischwebender Aufmerksamkeit im Raum präsent. Eine zugewandte, wertschätzende Atmosphäre ist sehr wichtig.

Falls kein Gespräch in Gang kommt, kann von den moderierenden Mitarbeitern eines angestoßen werden, hierzu kann ein Thema aus der Anfangsrunde aufgegriffen werden. Falls es zu erheblichen Störungen am Tischgespräch kommt, kann eine Mitarbeiterin „auf der Schwelle" bereit bleiben, um dann ein Einzelgespräch anzubieten.

Eine Viertelstunde vor dem Ablauf der zwei Stunden wird taktvoll, aber bestimmt das Ende des Trauercafes eingeleitet mit einer kleinen Glocke und auf die Möglichkeiten hingewiesen, zu spenden, sich noch zu verabreden und Kontaktdaten auszutauschen. Alle Personen werden zur Tür begleitet und persönlich verabschiedet. Das Trauercaféteam dieses Nachmittags setzt sich dann zusammen zu einer gemeinsamen Auswertung, Nachbereitung und Dokumentation eines Nachmittags. Anschließend wird aufgeräumt und der Raum soweit gerichtet, dass er montags wieder normal vom Seniorentreffpunkt genutzt werden kann.

Der Gesamtzeitbedarf an einem Nachmittag wird auf 4 bis 5 Stunden inkl. Vor- und Nachbereitung geschätzt.

Begonnen werden soll zunächst mit einem ganz offenen Gesprächsangebot an den Tischen. Das Angebot kann evtl., wenn sich eine Gruppe regelmäßiger Besucher herausbildet, um thematische Angebote in Form einer offenen, aber dann klarer strukturierten thematischen Gruppenarbeit z.B. mit Symbolen ergänzt werden. Da einer der Ehrenamtlichen über viel Erfahrung als Wanderführer verfügt, könnte im späteren Verlauf des Projekts auch ein Angebot geführter Wanderungen stehen.

Gesprächsregeln

Auf den Tischen könnte in Art einer Cafékarte ein Hinweis auf die Gesprächsregeln stehen:

„Liebe Besucher und Besucherinnen des Trauercafés!

Schön, dass Sie da sind und den Weg zu uns gefunden haben. Wir möchten Ihnen einen Raum zum Reden, zum Entspannen und zum Zuhören anbieten. Sollten die Tischgespräche mal etwas durcheinander gehen, helfen Ihnen vielleicht folgende Trauer-Café-Etiquetten:

- Wir geben einander ungefragt keine Ratschläge.
- Wir behandeln uns gegenseitig mit Wertschätzung und Respekt.
- Jeder spricht von sich selbst, von seinen eigenen Erfahrungen und Gedanken.
- Jeder Trauerweg ist anders und einzigartig.
- Trauer ist nicht miteinander vergleichbar.
- Wir bewerten nicht, ob eine Trauer schlimmer oder leichter ist als die andere.
- Wir lassen uns gegenseitig aussprechen."

Die Aufgaben der Leitung sind:

- Einschätzung des Bedarfs, Planung der Dienste an den Sonntagen und Planung und Durchführung der Teamsitzungen.
- Sicherstellung der externen Supervisionen.
- Auswahl und Begleitung der ehrenamtlichen Mitarbeiterinnen.
- Abdeckung der Telefonsprechzeiten und Anfragen.

- Übernahme von Einzelgesprächen mit Trauernden und Ehrenamtlichen in der Vor- und Nachsorge.
- Öffentlichkeitsarbeit und Pressearbeit.
- In Absprache mit der Geschäftsführung des Vereins die Sicherstellung der Finanzierung.
- Die Organisation von Fortbildungen und Schulungen.
- Sicherstellung der vorausschauenden Raumbuchung im Raumplaner des Vereins.
- Vorausschauende Einkaufsplanung des Materials
- Inhaltliche und fachliche Verantwortung für die Durchführung der Arbeit im Trauercafé.
- Weiterentwicklung des Konzepts und laufende Evaluation der Arbeit. Dafür dokumentiert das Team den Ablauf im Trauercafé.

Dokumentation

Die Dokumentation eines Nachmittags enthält:

- den zeitlichen Ablauf
- die Atmosphäre im Trauercafé,
- die Eindrücke aus den Gesprächen
- die Anzahl der Besucher
- das Feedback der Besucher
- die Störungen im Ablauf
- benötigtes und verwendetes Material

- die gespendete Zeit der Ehrenamtlichen
- Die Höhe der freiwilligen Spenden.

Die Dokumentation erfolgt halb vorstrukturiert mit einem Fragenkatalog.

Die Einsatzplanung

In der Anfangsphase werden vermutlich pro Sonntagnachmittag nicht mehr als fünf ehrenamtliche Mitarbeiter benötigt. Das Team wird für seinen Einsatz in zwei Gruppen mit 4-5 Personen aufgeteilt, die sich abwechseln.

Dabei muss aber auch dem Bedürfnis der Trauernden nach kontinuierlichen Ansprechpartnern Rechnung getragen werden. Hierfür erscheint es sinnvoll, dass immer eine der hauptamtlichen Leitungskräfte oder eine/r Ehrenamtliche vom Wochenende davor wieder anwesend ist. Die Leitung arbeitet im Team mit.

Falls ein Teammitglied kurzfristig am Wochenende ausfällt, ist eine Benachrichtigung der Hauptamtlichen erforderlich, um evtl. Engpässe in der Einsatzplanung noch rechtzeitig zu erkennen. Beim Tauschen von Diensten müssen die Hauptamtlichen informiert werden.

Die ehrenamtlichen Trauerbegleiterinnen werden eingesetzt:

- im Service und in der Bewirtung
- im Einkauf des Materials nach Absprache
- im Empfangs-, Begrüßungs- und Schwellendienst

- im Gesprächsraum für die Gesprächsführung an den Tischen

- in der im Weiteren noch zu planenden Themenarbeit oder bei den Wanderungen

- am Nachmittag des Trauercafés auch im Einzelgespräch

- In der Öffentlichkeitsarbeit

- in der gemeinsamen Dokumentation der Arbeit.

Die Erfahrungen und besonderen Fähigkeiten der Ehrenamtlichen fließen in die Weiterentwicklung des Konzepts und die weitere Ausgestaltung der Räume und Abläufe ein.

Team und Qualitätssicherung

Zur Qualitätssicherung der Arbeit nehmen die Mitarbeiter regelmäßig an den Teamsitzungen und Nachbesprechungen teil. Die laufende Arbeit wird dokumentiert und evaluiert. In den Teamsitzungen werden die Abläufe im Trauercafé vorbereitet und nachbereitet. Zudem wird eine externe Supervision für die Trauerbegleiterinnen angeboten.

Die Finanzierung des Trauercafés

Die Finanzierung des Trauercafés in der Schulungsphase war durch eine einmalige Charityspende für die Arbeit der Hospizgruppe möglich. Als Gesamtzeitbedarf an hauptamtlicher Arbeit für das Trauercafé in den ersten Monaten liegen als Schätzung ca. 10 Stunden hauptamtliche Arbeit pro Monat vor, die sich auf zwei Koordinatorinnen verteilen.

Die hauptamtlichen Arbeitsstunden und die Ausgaben für Material wie Gebäck, Dekoration usw. müssten überwiegend durch Spenden und aus dem allgemeinen Etat der Hospizgruppe gefördert werden.

Den Besuchern des Trauercafés wird die Möglichkeit einer Spende angeboten, sie ist aber nicht verpflichtend. Kaffee, Tee, kalte Getränke und Gebäck werden kostenfrei serviert.

2.7.   Eröffnung im November 2012

Wir begannen, vor dem eigentlichen ersten Öffnungstag einen Dienstplan zu machen für die verschiedenen Rollen im Trauercafé. Dieses Dienstplanschema behielten wir mit wenigen Änderungen bei:

Tabelle 2: Dienstplan des Trauercafés

Service / Bewirtung	Zwei bis drei Personen
Gruppengespräche am Tisch moderieren und Thema in Reserve vorbereiten	Eine Person
Informationstisch richten	Eine Person
Schwellendienst und Begrüßung	Ein bis zwei Personen
Deko gestalten und einkaufen	Eine Person
Einkäufe Kuchen und Kekse	Eine Person
Bereit für Einzelgespräche am Tisch	Drei bis vier Personen, die vorher Service gemacht haben oder Informationstisch

Wir hatten das Glück, die Eröffnung für den Monat November zu planen und fanden großes Echo, als wir vorab zu einer Pressekonferenz einluden. Unsere Gesellschaft verortet das Thema Trauer im Herbst und so kamen einige Pressevertreter.

Tipp: Planen Sie eine Veranstaltung, z.B. einen öffentlichen Vortrag, oder eine Pressekonferenz als Auftakt, um für die Eröffnung Ihres Trauercafés mehr Aufmerksamkeit in der Presse zu finden. Rechnen Sie damit, dass anfangs sehr viele Anrufe eingehen, und danach die erste Sitzung sehr gut besucht sein kann, dann aber der Besuch wieder abflacht.

Ablauf der Pressekonferenz:

• Begrüßung durch Geschäftsführung

• Die Projektleitung stellte das Konzept des Trauercafés vor.

• Die ehrenamtlichen und hauptamtlichen Mitarbeiterinnen des Trauercafés konnten befragt werden.

• Bei Wunsch boten wir eine Fotogelegenheit an.

• Wir hielten einen kleinen Imbiss bereit.

• Wir hielten eine Kurzfassung unseres Konzepts bereit.

Es kamen drei Lokalzeitungen, zwei sogar mit Fotografen. Es erschienen zwei ausführliche Artikel in der Tagespresse und ein Artikel in der Seniorenzeitung, die quartalsweise erscheint. Ein Jahr danach konnten wir uns noch mal in der Presse platzieren mit „Trauercafé existiert bereits ein Jahr", dazu stellte sich auch eine Besucherin zur Verfügung. Unsere eigene Hauszeitung berichtete zweimal.

Parallel zum Pressegespräch hatten wir Flyer an alle Bestatter der Stadt und an alle Kooperationspartner geschickt. Außerdem hatten wir die Hinterbliebenen des letzten Jahres alle persönlich angeschrieben.

In der letzten Woche vor dem ersten Öffnungstag gingen unerwartet so viele Anrufe ein, dass uns schwindelig wurde. Wir rechneten auf einmal mit sehr vielen Besuchen.

Der erste Öffnungstag war dann sehr turbulent.

Es kamen 22 Besucher, ein Mann und 21 Frauen. Wir hatten uns um 13:30 getroffen, waren mit dem Richten der Tische und des Raumes gerade so um 14:30 Uhr fertig, da kamen schon die ersten Besucher. Dieser Begriff hat sich bei uns etabliert, wir sprechen von Gästen, Besuchern oder Trauernden, nicht von Klienten.

Wir waren nur mit 6 Mitarbeiterinnen im Einsatz und hatten alle Hände voll zu tun. Wir hatten zum Glück zwei große Kaffeetische gedeckt. Die Geräuschkulisse war schnell sehr laut und hallend, da an den zwei Tischen parallel gesprochen wurde. Wir mussten viel Kaffee nachkochen. Wir machten an beiden Tischen getrennte Anfangsrunden, die unterschiedlich schnell liefen. An einem Tisch kam sehr schnell eine Diskussion und ein Austausch in der Großgruppe in Gang, am anderen Tisch zerfiel der Austausch sehr schnell in Kleingruppen.

Fast alle Besucher trauerten um Lebensgefährten, waren Witwen, ein Witwer. Zwei Gäste trauerten um ihre Mutter.

Die Abstände zum Trauerereignis variierten sehr: Personen: bei denen es ein Jahr, zwei Jahr, vier Jahre her war, dazwischen Personen, bei denen es wenige Wochen, drei bis vier Monate, ein halbes Jahr her war. Wir mussten das Ende sehr deutlich einläuten, einige waren kaum zum Gehen zu bewegen.

Es wurden ca. 50 Euro gespendet.

Als alle Gäste gegangen waren, waren wir erschöpft und erleichtert und haben mit Sekt auf den Erfolg angestoßen.

2.8. Öffentlichkeitsarbeit

Wir schalteten keine offiziellen Anzeigen, sondern sendeten regelmäßig an die Tageszeitungen und an die örtliche Seniorenzeitung die Öffnungszeiten des Trauercafés. Die Hauszeitung des Vereins und das Seniorentreffpunktprogramm veröffentlichten die Termine ebenfalls. Wir sendeten in regelmäßigen Abständen Flyer des Trauercafés an unsere Kooperationspartner im Netzwerk Palliative Care der Stadt, also an die umliegenden Palliativstationen, stationären Hospize und Palliative Care Teams. Es gab parallel in unserer Stadt anfangs noch zwei, später vier Trauercafés, die aber alle an Kirchengemeinden oder kirchliche Einrichtungen angeschlossen waren. Unsere Stärke war, dass wir das einzige konfessionell und weltanschaulich neutrale Trauercafé waren.

Längere Artikel über das Trauercafé konnten wir nur zur Eröffnung des Projekts und zum einjährigen Bestehen in der Presse platzieren. Eine Mitarbeiterin nahm an einem Schreibwettbewerb über ständeübergreifende sozialpflegerische Projekte der Zeitschrift Dr. med. Mabuse teil und konnte mit einem Artikel über das Trauercaféprojekt den dritten

Platz gewinnen. So wurde auch dieser Artikel abgedruckt und wir gewannen ein geringes Preisgeld.

Alle Besuchsdienste des Hauses und ein kooperierendes Palliativteam sendeten beim Versterben der Klienten mit dem Kondolenzschreiben automatisch die Einladung für unser Trauercafé mit. Wir sendeten auch einmalig die Trauercaféflyer an alle Bestatter, hatten hier aber wenig Rücklauf. Zwei Bestattungsinstitute waren uns sehr verbunden und legten die Flyer regelmäßig aus.

2.9. Der Ablauf eines Nachmittags

Folgender Ablauf der Nachmittage entwickelte sich dann im Laufe der Jahre: Wir trafen uns gegen 13 Uhr in den Räumen des Vereins. Eine Person hatte im Vorfeld Kuchen und Kekse besorgt, eine Person Blumen, Servietten und jahreszeitliche Dekoration. Die Personen, die für Service und Dekoration eingeteilt waren, kochten Kaffee und Tee, deckten und dekorierten den Tisch, richteten Kuchen und Kekse an. Eine Person richtete den Infotisch mit Flyern und Broschüren. Wir legten Flyer von anderen Trauercafés, von Trauerberatungsstellen und von unseren Beratungsangeboten des eigenen Hauses aus. Eine weitere Person bereitete die Dokumentation und den Eingangsbereich vor. Wir stellten eine Spendenbox im Eingangsbereich auf, räumten die Garderobe auf und hingen ein Hinweisschild an die Tür.

Gegen 14 Uhr tranken wir meistens selbst kurz einen Kaffee und machten den Dienstplan fürs nächste und übernächste Trauercafé. Wir lasen noch mal nach, wer die Gäste und was die Themen des letzten Trauercafés waren. Wir memorierten die Namen der häufigen Gäste und erinnerten uns an ihre Anliegen. Wir bemühten uns sehr, die regelmäßig wiederkehrenden Gäste mit Namen anzusprechen. Alle haupt- und ehrenamtlichen Mitarbeiter trugen Namensschilder.

Oft kamen gegen 14:30 Uhr bereits die ersten Gäste. Gerade neue Gäste suchten oft nach dem Weg und trafen viel zu früh mit großem Redebedarf ein. Ein, zwei Mitarbeiter setzten sich jetzt an die Tische, begannen ein Gespräch, während die anderen im Empfangsbereich blieben. Sie halfen den eintreffenden Gästen aus dem Mantel, begrüßten sie, wiesen auf den Infotisch hin, leiteten zum Tisch. Nach und nach setzten sich die Gäste und bekamen durch uns Kaffee und Kuchen angeboten. Wir merkten, dass von Anfang an bereits zwei Teammitglieder am Tisch sitzen mussten, um zum Sitzen einzuladen und um am Tisch eine Orientierung zu geben. Personen, die öfter kamen, entwickelten sehr schnell eine Gewohnheit, bestimmte „Stammplätze" einzunehmen.

Wir bemühten uns immer, eine sehr gastliche Atmosphäre zu schaffen durch guten Kuchen, frische Blumen und eine jahreszeitliche Dekoration auf dem Tisch. Gerade die Dekoration wurde oft gelobt, da viele Trauernde erzählten, dass sie oft für sich selbst nicht mehr in der Lage seien, so eine gemütliche Atmosphäre zu schaffen.

Gegen ca. 15:15 Uhr starteten wir mit der Anfangsrunde. Bis auf eine Person, die für Störungen und „Zu Spät Kommer" an der Schwelle sitzen blieb, setzten sich jetzt alle mit an den Tisch. Die Person an der Schwelle hatte eine wichtige Funktion: Sie dokumentierte den Nachmittag schriftlich, sie stand für Störungen zur Verfügung (Personen, die zu spät kommen oder verfrüht aufbrechen) und sie war ein guter Ersatz, wenn eine Mitarbeiterin am Tisch erschöpft war und abgelöst werden wollte.

Die Leitung des jeweiligen Nachmittags stellte sich kurz vor, wir begrüßten alle Anwesenden und gaben einen Redestein herum. Wer den Stein hielt, konnte sprechen, wer nicht sprechen wollte, gab den Stein ruhig weiter. Jeder Gast konnte kurz sagen, wie er oder sie hieß, um wen er oder sie trauerte, wie lange der Trauerfall her war und wenn gewünscht, ob ein bestimmtes Thema gerade beschäftigt. Als einfache Regel wurde kurz benannt, von sich zu sprechen, nichts zu bewerten und man könne über alles reden, außer über 10 Minuten. (Alte Go-Round Regel der Anonymen Alkoholiker!). Wenn jemand sich in der Anfangsrunde nicht äußern wollte, wurde der Stein taktvoll weiter gegeben. Wenn jemand sich verfing, weinte, oder zu lange sprach, wurde behutsam, aber bestimmt eingegriffen.

Nach der Anfangsrunde wurde aus den mitgebrachten Themen ein gemeinsames Gruppengespräch in der Großrunde geführt, das eine ganz unterschiedliche Länge und Dynamik haben konnte. Es wurde von uns sehr zurückhaltend moderiert, immer wieder gespiegelt, Mitgefühl und Verständnis ausgedrückt und manchmal eine informierende Antwort gegeben z.B. über Trauerreaktionen, Jahrestagsreaktion usw. Das Großgruppengespräch hatte eine ganz unterschiedliche Dauer: Manchmal nur 20 Minuten, manchmal bis zu anderthalb Stunden. Es trug dem Gruppenaustausch und den Hörgewohnheiten Rechnung. Anschließend, und dieser Prozess wurde von uns wenig gesteuert, zerfiel das Gespräch in Kleingruppenaustausch und Einzelgespräche mit den Teammitgliedern, die am Tisch verteilt saßen. Es gab parallel regen Austausch an der Tischkante und es wurde auch mal der Platz gewechselt. Wenn jemand erkennbar keinen Anschluss fand, weinte oder verstärkten Einzelgesprächsbedarf hatte, setzte sich ein Teammitglied neben ihn. Dies taten wir besonders bei Gästen, die aus dem Rahmen fielen und mit ihrem Gesprächsbedarf die Gruppe sonst gesprengt hätten.

Als eine besondere Gewohnheit einzelner Gäste etablierte sich eine Art Raucherpause, in der einzelne Gäste den Raum verließen und nach draußen gingen, um eine zu rauchen. Ein Ehrenamtlicher gesellte sich meistens dazu, rauchte mit, und in der Haltung ergaben sich auch sehr gute Gespräche.

Gegen Ende des Nachmittags ca. um 16:45 Uhr läuteten wir eine Glocke oder Klangschale. Wir wiesen darauf hin, dass das Trauercafé jetzt bald zu Ende geht, dass es von Spenden lebt, dass man sich jetzt noch verabreden und seine Telefonnummern austauschen kann und dass wir einen Infotisch haben. Gegen 17:00 Uhr haben wir erneut geklingelt und dann sanft, aber deutlich zum Aufbruch übergeleitet, indem wir selbst aufstanden. Es war oft so, dass die Gäste noch länger hätten sitzen bleiben können. Sie standen dann auf, wurden zur Tür begleitet, alle persönlich mit Namen und Handschlag verabschiedet, auf die Spendenbox hingewiesen und standen oft noch lange in der Tür oder vor der Tür. Manche gingen spontan noch im anliegenden Park eine Runde gemeinsam spazieren.

Wir versuchten eine Zeitlang, als Medium für mehr Kontakte untereinander eine Pinnwand anzubieten, an die Angebote und Gesuche für gemeinsame Unternehmungen geheftet werden konnten. Dies wurde aber nur wenig genutzt.

Wir räumten dann als erstes zügig auf, deckten ab, befüllten die Spülmaschine und ließen sie laufen. Dann saßen wir noch eine Zeitlang zusammen, dokumentierten den Nachmittag, zählten die Spendengelder aus, aßen manchmal noch den Rest Kuchen und tauschten uns aus. Das hatte den angenehmen Effekt, den bewegenden Nachmittag so langsam ausklingen zu lassen. Gegen 17:30 oder 18:00 Uhr gingen wir auseinander.

Außer den kurzen Teamsitzungen an den Nachmittagen hatten wir ca. viermal im Jahr eine eigene Teamsitzung unabhängig vom Trauercafénachmittag. Wir hatten anfangs sechsmal im Jahr, später nur noch viermal im Jahr einen Abend Supervision mit einer ausgezeichneten Supervisorin, die uns mit ihrem Fachwissen und ihrem besonderen Humor sehr gestützt hat in dieser Arbeit.

Anfangs boten wir im Nachgang des Trauercafés in der Woche danach noch eine regelmäßige Telefonsprechstunde an, diese wurde aber so gut wie nie genutzt. Die Trauernden riefen dann an, wenn es für sie passte, unabhängig von solchen vorgegebenen Zeiten.

2.10. Die Dokumentation eines Nachmittags

Wir nutzten ein blaues, gebundenes Buch, in dem wir alle Nachmittage handschriftlich dokumentierten. Wir nahmen als Vorlage eine lose eingelegte Seite, auf der wir Fragen notiert hatten, die wir uns anfangs erst am Ende des Cafénachmittags stellten. Später schrieb die Person, die auf der

Schwelle saß, schon von Anfang an mit, damit nicht so viel verloren ging. Den Rest ergänzten wir, nachdem die Gäste gegangen waren. Wir nutzten dieses blaue Buch auch, um die Namen der bereits bekannten Gäste zu memorieren, bevor die Gäste eintrafen. Die Gäste schätzten es sehr, von uns mit Namen angesprochen zu werden.

Tipp: Gewöhnen Sie sich von Anfang an eine gute Dokumentation der Nachmittage an. Sponsoren und Reporter wollen Zahlen wissen wie z.B. die Entwicklung der Besucherzahlen, der Spendenbereitschaft und der Kosten.

Folgende Fragen wurden jedes Mal zur Dokumentation verwendet:

Datum: Sonntag, der _____

1. Wer war anwesend vom Team?

2. Wer hatte die Leitung des Nachmittags?

3. Wer saß „am Tisch"?

4. Wer machte „Empfangs- und Schwellendienst"?

5. Wer machte „Servicedienst"?

6. Wer führte ein Einzelgespräch mit wem?

7. Wie viele Besucher kamen insgesamt?

8. Männer / Frauen

9. Besucher mit Namen bekannt?

10. Neue Besucher / bereits bekannte Besucher

11. Besucher bereits bekannt als Angehörige von Patienten der Hospizgruppe?

12. Wie war die Verteilung der Gäste und Teammitglieder am Tisch (Planskizze)? Wie viele Tische waren besetzt / wurden benötigt?

13. Welche Trauerfälle wurden berichtet?

14. Notizen und Beobachtungen vom Tischgespräch, welche Themen kamen auf

15. Brach eine Person den Besuch vorzeitig ab?

16. War eine Person nur mühsam zum Gehen zu bewegen?

17. Gab es andere Komplikationen?

18. Wünsche – Anregungen - Kritik, die von den Besuchern geäußert wurden.

19. Benötigte Menge Kekse, Kuchen, Kaffee, Tee usw.?

20. Rückmeldung zur Tischdekoration oder Raumgestaltung?

21. Nachgespräch fürs Team direkt nach dem Café: Was fiel uns auf?

22. Nachwirkung: Wer meldete sich vorher / später noch in der Telefonsprechstunde?

Da die Dokumentation des Nachmittags wechselte und handschriftlich erfolgte, war sie unterschiedlich ausführlich und schwankte im Stil etwas. Später zeichneten wir auch die Sitzordnung auf und begannen, die Dekoration zu fotografieren. Ein Teamteilnehmer hat die Dokumentation dann abgetippt und als Protokoll mit der Teamsitzung verschickt. Insgesamt hat sich diese Form für uns als sehr hilfreich erwiesen, um die einzelnen Nachmittage zu dokumentieren und auszuwerten. Die Projektleitung hat dann jeweils am Ende des Jahres eine anonymisierte, statistische Auswertung vorgenommen.

Für Förderanträge bei Sponsoren, für Rückfragen von Reportern und für den Jahresbericht des Vereins standen uns diese Daten dann geordnet zur Verfügung.

2.11. Die Bewirtung

Bei den ersten Treffen servierten wir nur Kekse, größere trockene Cookies, etwas Salzgebäck und Tee, Wasser und Kaffee. Wir konnten die Besucheranzahl anfangs gar nicht einschätzen und blieben so bei trockenem Gebäck, das wir gut auf Vorrat vorhalten konnten. Nach einiger Zeit hatten wir ein klareres Gefühl für die Anzahl der Gäste, die wir im Durchschnitt erwarteten, und servierten außerdem frischen Kuchen. Wir merkten, dass das für eine gute gastliche Atmosphäre sorgte. Wir boten auch während des Treffens noch mal in einer zweiten Runde Kaffee und Kuchen an. Eine unserer Ehrenamtlichen hatte Vorerfahrungen in einem ausgesprochen serviceorientierten Beruf: Sie war jahrelang Flugbegleiterin gewesen. Wir konnten alle sehr viel von ihr lernen, was Service im Bedienen, in der namentlichen Ansprache der Gäste, im Empfangen und Verabschieden anging. Das hat unser Trauercafé sehr bereichert.

Im weiteren Verlauf haben dann einige Personen des Teams auch selbstgebackenen Kuchen mitgebracht, der immer besonders gut ankam bei den Gästen und als eine besondere Wertschätzung erlebt wurde.

2.12. Konflikte und schwierige Situationen

Folgende Situationen mit Besucherinnen und Besuchern wurden konflikthaft erlebt und waren daher oft Thema in den Supervisionssitzungen:

Wie geht man mit Besucherinnen und Besuchern um, bei denen der Trauerfall schon sehr lange zurück liegt, z.B. über 10 oder 20 Jahre?

Wir erlebten hin und wieder, dass Personen zu uns ins Trauercafé kamen, deren Trauerfall schon sehr lange zurück lag. Wir sprachen sie meistens im Einzelgespräch am Tisch sitzend an, da wir merkten, dass die restlichen Gäste im Trauercafé mit Unverständnis reagierten. In den meisten Fällen kamen diese Personen nicht wieder, waren parallel in psychotherapeutischer Behandlung oder sogar chronisch psychisch krank. In einem Fall stellte sich eine Witwe immer wieder als Expertin für die Trauer anderer dar, deren Mann vor 18 Jahren gestorben war. Nach dem Angebot von Einzelgesprächen konnten wir sie einbinden, konfrontieren und diese Rolle auflösen.

Wie geht man mit Personen um, deren Trauerfall sehr akut ist?

Wir erlebten es zweimal in den vier Jahren, dass Personen in unser Trauercafé kamen, deren Trauerfall sehr akut war. Denn es hatte noch keine Beerdigung gegeben. Gerade bei Feuerbestattung kann sich in unserer Stadt der Zeitraum zwischen Tod und Beerdigung sehr in die Länge ziehen. Die von

Ruthmarijke Smeding beschriebene Schleusenphase wird hier sehr deutlich verlängert. Es war auch in dieser Situation hilfreich, Einzelgespräche am Tisch anzubieten und vor allem aufklärend zu wirken, dass der Zeitraum zwischen Tod und Bestattung ein ganz besonderer, sensibler Zeitraum ist. Es fehlte noch das Beerdigungsritual und damit der Abschluss der ersten akuten Trauerphase.

Wie geht man mit unterschiedlichen Trauerreaktionen um, die pathologisch erscheinen? Darf man sich erkundigen, ob die Person parallel psychotherapeutische oder psychiatrische Hilfe hat oder haben will?

In all diesen Fällen machten wir die Erfahrung, dass die die Gäste sehr schnell von selbst erzählten, dass sie bereits in psychotherapeutischer Behandlung waren oder diese versucht hatten. Hier konnte eine Einzelberatung durch die Leitung des Trauercaféteams zu einer anderen Zeit oft eine Orientierungshilfe bieten. In drei Fällen bot ich parallel zum Trauercafé mehrere Einzelsitzungen an und half dann, einen Therapieplatz zu vermitteln.

Wie geht man mit multiplen Trauerfällen um, also wenn eine Person in wenigen Jahren mehrere Trauerfälle hatte?

Diese Personen hatten meist einen großen Redebedarf und mussten am Tisch zusätzlich durch Teammitglieder betreut werden. Wir erlebten Personen mit multiplen Trauerfällen als sehr anstrengend, sehr fordernd und sehr belastend.

Wie geht man mit „Märtyrerwettstreit" um, also wenn sich Trauernde darum streiten, wer die größte, schlimmste Trauer hat?

Wir erinnerten immer wieder an unsere Regeln, die wir uns gegeben hatten: Jede und jeder trauert anders, Trauer ist nicht zu bewerten, keine Trauer ist mehr wert oder besser als die andere. Diese Regeln standen zur Erinnerung in den Tischkarten auf dem Tisch, so dass jederzeit danach gegriffen werden konnte. Ein wenig hatten wir dieses Thema dadurch ausgebremst, dass der Personenkreis, den wir ins Trauercafé eingeladen hatten, etwas homogener war. Bei ganz offenen Trauercafés ohne so eine Einschränkung könnte eine noch gemischtere Zusammensetzung der Trauergäste vermehrt Konfliktpotential bringen.

Wie geht man damit um, wenn Besucherinnen sich in der Trauer gut gebessert haben, nach vier Jahren immer noch gerne kommen und sich langsam als Teil des Teams fühlen?

Wir haben in keinem Fall jemanden zum Gehen gedrängt. Unsere „Stammgäste" waren für uns das tragende Rückgrat der Gruppe. Wenn erfahrene Trauergäste nach drei, vier Jahren immer noch sehr viel Zuwendung einforderten, wurde geprüft, welche Hilfen sie zusätzlich noch bekommen konnten. Das war aber eher die Ausnahme. Die Stammgäste waren oft bereit, sich um die neu hinzu gekommenen Gäste zu kümmern und ihnen im Sinne von Hilfe zur Selbsthilfe zu erzählen, dass es sich lohnt, zu kommen, und wie die Trauer mit den Jahren langsam nachlässt. Sie blieben aber Besucher. Ein ehrenamtliches Engagement wäre für uns erst nach einigem Abstand sinnvoll gewesen.

Wie geht man mit den wenigen männlichen Trauergästen um, die oft weitaus mehr Aufmerksamkeit von der Leitung fordern?

Das war eine immer wiederkehrende Erfahrung, dass wir zum einen deutlich weniger männliche Trauergäste hatten, und zum anderen diese deutlich mehr Aufmerksamkeit vom Team forderten. Hier musste die Moderation manchmal eingreifen. Hierfür war es sehr gut, dass wir auch einen Mann im Team hatten, der sich verstärkt um die männlichen Besucher kümmern konnte.

Wie geht man damit um, wenn die „fortgeschritten Trauernden" ein eigenes Angebot und einen eigenen Tisch für sich fordern?

Mit dieser Anfrage wurden wir zweimal konfrontiert. Personen, die das Trauercafé schon länger besucht hatten, sich aber nicht ganz lösen wollten, forderten einen eigenen Tisch für sich ein. Sie wollten unter sich mehr die neuen Perspektiven ausloten und weniger immer wieder neue Trauergeschichten der akut Trauernden hören. Hierzu machten wir das Angebot, einen zweiten Tisch einzurichten, baten aber im Gegenzug darum, dass eine der „fortgeschritten Trauernden", die schon länger kam, sich für den Tisch verbindlich verantwortlich fühlte und regelmäßig käme. Dazu war sie nicht bereit.

Wie geht man damit um, wenn neue Gäste einen enormen Redebedarf haben?

Wenn jemand in der Anfangsrunde oder im Großgruppengespräch starken Redebedarf zeigte, der die Gruppe sprengte, setzte sich in der folgenden Kleingruppenphase meistens ein Teammitglied neben diese Person und bot eine Art Einzelgespräch am Tisch an.

Wie geht man damit um, wenn jemand scheinbar gar nicht mehr heimgehen möchte?

Diese Situation hatten wir mehrmals und mussten dann sehr höflich und bestimmt darauf verweisen, dass das Trauercafé jetzt schließt. Dadurch, dass wir dann alle aufstanden und anfingen, die Tische und den Infotisch abzuräumen, wurde ein deutliches Signal gesetzt.

Wie geht man mit expliziten oder privaten Kontaktwünschen ans Team um?

Für Einzelkontakte über das Trauercafé hinaus standen nur die hauptamtlichen Teammitglieder zur Verfügung. Dafür gab es die Telefonnummer der Hospizgruppe und auch ein Angebot von Telefonsprechzeiten extra für die Trauernden. Die Ehrenamtlichen hatten die strikte Auflage, keine privaten Telefonnummern herauszugeben. Eine Ehrenamtliche hielt sich nicht daran und verwickelte sich in einen privaten Nebenkontakt, war dann aber schnell überfordert. Das Thema wurde in der Supervision behandelt.

Wie geht man damit um, wenn jemand gar nicht mehr aufhört, zu weinen?

Ich stelle diese Frage hier rein theoretisch, obwohl es nie vorgekommen ist. Diese Frage hat meine Ehrenamtlichen aber immer wieder sehr beschäftigt. Unsere Supervisorin half uns mit der Überlegung, dass stundenlanges Weinen durchaus vorkommen könnte, aber doch sehr selten sei. Wir haben es nicht erlebt, dass jemand in der stützenden Atmosphäre des Trauercafés nicht mehr aufhören konnte, zu weinen. Es wurde oft geweint, und es wurde oft gelacht. Beides war wohltuend. Zum Gehen hin lockerte sich die Stimmungen meistens auf.

2.13. Die Entwicklung der Besucher: Zahlen, Spenden, Themen

Tabelle Nr.3 zeigt die typische Entwicklung der Besucher im Trauercafé im ersten Jahr: Zu jedem Treffen kamen immer noch neue Gäste, aber es kamen auch „Stammgäste" eine Zeitlang regelmäßig wieder. Ein Stammgast kommt bis zum Schluss des Projekts noch seit der ersten Sitzung. Sonst kamen viele Stammgäste eine gewisse Zeitlang regelmäßig, und dann nicht mehr. Einige kamen drei Monate, ein halbes Jahr, ein Jahr lang oder sogar zwei, drei Jahre lang. Wir ließen den Besuchern und Besucherinnen völlig offen, wie oft oder wie lange sie kommen wollten. Wir intervenierten nur bei einer Besucherin, deren Tod des Ehemanns 20 Jahre her war und die als Expertin belehrend in Trauer für die anderen Trauercafébesucher und –besucherinnen auftrat. Hier hinterfragten wir sehr gründlich, was ihr eigentliches Anliegen war und konfrontierten sie auch damit.

Im ersten Jahr hatten wir pro Treffen 12 bis sogar einmal nur drei Besucher.

Tabelle Nr. 3: Entwicklung der Besucher im ersten Jahr

Nov 2012	21 Frauen	1 Mann
Dez 2012	8 Frauen	1 Mann
Jan 2013	9 Frauen	
Feb 2013	8 Frauen	2 Männer
März 2013	8 Frauen	2 Männer
April 2013	10 Frauen	2 Männer
Mai 2013	3 Frauen	3 Männer
Juni 2013	4 Frauen	1 Mann
Juli 2013	4 Frauen	1 Mann
August 2013	7 Frauen	1 Mann
September 2013	2 Frauen	1 Mann
Oktober 2013	4 Frauen	

Tabelle Nr. 4 zeigt die Entwicklung der Trauercafébesucher im Jahr 2015.

Tabelle 4 Entwicklung der Trauercafébesucher 2015

Januar 2015	13 Frauen	
Februar 2015	12 Frauen	
März 2015	11 Frauen	
April 2015	7 Frauen	1 Mann
Mai 2015	10 Frauen	1 Mann
Juni 2015	15 Frauen	1 Mann
Juli 2015	10 Frauen	1 Mann
August 2015	13 Frauen	
September 2015	8 Frauen	
Oktober 2015	10 Frauen	
November 2015	11 Frauen	
Dezember 2015	10 Frauen	

Tipp: Geben Sie nicht zu früh auf, wenn die Besucherzahlen im ersten Jahr nach der Eröffnung erst einmal wieder absinken. Die Besucherzahlen können sich mit wachsender Bekanntheit im 2. und 3. Jahr wieder erhöhen!

Im Jahr 2016 wurden dann häufige Besucherzahlen von 15-18 Besuchern und Besucherinnen erreicht.

Obwohl ursprünglich als Nachsorgeangebot für die Angehörigen der Hospizgruppe und unserer anderen Besuchsdienste im Hause wie z.B. dem Demenzbesuchsdienst geplant, waren diese Besucher nur ein geringer Teil unseres Publikums. Viele Trauercafébesucher und –besucherinnen kamen von außerhalb ganz neu ins Haus, und sie nahmen ganz erstaunt wahr, dass es hier im Hause auch eine Hospizgruppe und eine Beratungsstelle zu Demenz oder Wohnraumumgestaltung oder Patientenverfügung gibt. Dieses Projekt hat also in erheblichem Umfang neue Personen in unser Haus geführt, die teilweise dann ins Haus integriert werden konnten mit späterem ehrenamtlichem Engagement oder Besuch des Seniorentreffpunkts.

Das Spendenverhalten der Besucher in Form der offenen Sammelspende am Schluss schwankte zwischen ca. 15 Euro bei dünn besuchten Treffen und bis zu ca. 50 Euro bei gut besuchten Treffen. Die gesamte Spendenhöhe in einem Jahr blieb meist in diesem Rahmen, so dass wir Zuflüsse aus der Sammelspende in Höhe von ca. 350 bis 450 Euro pro Jahr hatten. Das deckte gerade die Kosten der Bewirtung.

Die Themen und Häufigkeit der Gespräche die in der Gruppe im ersten Jahr angeschnitten wurden, haben wir stichwortartig erfasst. Die Person, die Schwellendienst hatte, notierte mit, so gut sie konnte, und wir ergänzten die Inhalte später aus dem Gedächtnis. Der Gesprächsverlauf war oft ganz unterschiedlich: Eine Anfangsrunde machten wir fast immer, in der die Personen kurz sagen konnte, um wen sie trauern, wie lange es her ist und ob sie ein Thema mitgebracht hätten. Wenn ein neuer Besucher in der Anfangsrunde zu lange sprach, und oft waren das die wenigen Männer, dann bremsten wir behutsam aus, um die Runde fortzusetzen. Anfangs hatten wir uns noch Themen ausgedacht, merkten aber sehr schnell, dass aus den Anfangsrunden so viele Themen kamen, dass wir keine vorbereiteten Themen einbringen mussten.

Nach der Anfangsrunde folgte meistens ein Großgruppengespräch, das von einem von uns behutsam moderiert wurde. Dieses konnte nur 15 Minuten andauern oder bis zu einer Stunde gehen. Nur zweimal in den ersten vier Jahren ist es uns gelungen, das Großgruppengespräch über die gesamte Zeitdauer hin auszudehnen. In den meisten Fällen zerfiel die Gruppe nach 30 bis 45 Minuten in Kleingruppengespräche, wobei die haupt- und ehrenamtliche Mitarbeiter des Trauercafés sich um den Tisch verteilt hatten und am Platz Kleingruppengespräche moderierten oder Einzelgespräche mit ihren Sitznachbarn führten. Die daraus resultierende Geräuschkulisse war nicht für alle angenehm. Aber so ergaben sich mehr natürliche Kontakte zwischen den Besuchern, und es wurde sich auch mal umgesetzt. Wir verstanden uns nicht als Therapiegruppe, sondern als Hilfe zur Selbsthilfe, und förderten eine aufgelockerte Atmosphäre.

Die Themen im ersten Jahr im Großgruppengespräch zeigt folgende Tabelle Nr. 5.

Tabelle Nr. 5: Themen im Trauercafé im ersten Jahr

Gesprächsthemen im Trauercafé	Wie oft Thema?
Überforderung mit der Pflege (rückblickend)	3x
Beerdigung, Gedanken dazu,	1x

Vorsorgen für die Weihnachtsfeiertage, wie verbringe ich Feiertage	4x
Schuldgefühle	10x
Einsamkeit	4x
Umgang mit Verabredungen hier im Trauercafé	2x
Bewältigung des täglichen Alltags z.B. Reparaturen oder Kochen alleine	6x
Pietät / Bestatter / Erlebnisse und Umgang damit	2x
Friedhof / Grab / Umgang damit	3x
Patientenverfügung - wie sorge ich jetzt für mich?	3x
Patientenverfügung - wie habe ich es beim Sterben als Angehörige erlebt?	3x
Erlebnisse Hospiz / Palliativstation/ Krankenhaus, der letzten Tage und Stunden	12x
Sinn des Lebens, spirituelle Themen	1x
Warum Frage	
Bewältigung akuter Trauer	6x
Auslöser von Trauerreaktionen, z.B. Musik	3x
Selbstmordgedanken / gemeinsam in den Tod gehen/ Wünsche nach Sterbehilfe erlebt	3x
Soiales Netzwerk neu Knüpfen	2x
Neuer Partner, neue Partnerin suchen	1x
Erster Urlaub ohne den Partner / die Partnerin	2x

Konkurrenz untereinander - wer trauert mehr? U.a. Konflikte unter Trauergästen	3x
Welche Angebote für Trauernde gibt es noch?	1x
Depressive Episoden oder Erkrankungen	1x
Rest der Familie trauert ganz anders	5x
Konflikte in der Familie	2x
Erben und Vererben	4x
Hinweise auf erschwerte, komplexe Trauer	3x
Mehrfache Trauerfälle in kurzer Zeit	2x
Psychotherapie - wer macht es und wer bezahlt es?	2x
1. oder zweiter Todestag, Jahrestagsreaktion	2x
Medizinische Themen / bestimmte Krankheiten oder Therapien	1x
Wahrheit am Krankenbett	1x

Im ersten Jahr dominierten die beiden Themen: „Bewältigung akuter Trauer" und „Erlebnisse der letzten Tage im Krankenhaus, Pflegeheim oder Hospiz" und „Schuldgefühle".

Tabelle Nr. 6 zeigt die Entwicklung der Themen in den folgenden drei Jahren. Da immer wieder neue Personen hinzukamen, waren auch weiterhin die Themen „Bewältigung akuter Trauer" und „Erlebnisse der letzten Tage im Krankenhaus, Pflegeheim oder Hospiz" sehr prominent vertreten. Weitere sehr häufige Themen waren der „Rückzug von Freunden und Bekannten" und Bewältigung des Alltags, insbesondere das Ausfüllen von Rollen, die vorher dem Partner oder der Partnerin vorbehalten waren wie Kochen oder kleinere Reparaturen. Es wurde wirklich sehr häufig thematisiert: „Rückzug von Freunden und Bekannten", eigentlich ein Dauerbrenner in unserem Trauercafé. Interessant war, dass neue Themen aufkamen, die im Sinne von Verena Kast den neuen Lebens- und Weltbezug aufscheinen ließen wie Interesse an neuem sozialen Engagement und Ehrenamt, Verstärkung des neuen sozialen Netzwerks und sogar das Thema „Suche neuer Partner".

Insgesamt dreimal kam es für uns zu beobachtbaren Konflikten unter den Trauergästen selbst. Ein Thema war dabei: „Wer darf wie viel Trauern? Wer hat mehr Recht auf Trauer, wer um einen Partner, um seine Mutter oder um seinen Sohn trauert?" Außerdem wurde mehrmals thematisiert, ob wir die „Fortgeschrittenen Trauernden" in ein eigenes Angebot einladen oder an einen eigenen Tisch setzen könnten oder ob sich alles mischen dürfte oder mischen müsste an einem Tisch. Ein Witwer, der immer sehr viel Redebedarf hatte, thematisierte sehr eingehend, dass er noch sehr unter seiner eigenen Trauer leide und nicht mehr zuhören könnte, wenn immer wieder neue Personen kämen, die ebenfalls viel Redebedarf hätten. Diese Person schied dann auch sehr bewusst aus dem Trauercafé aus, worüber von den anderen noch mehrmals gesprochen wurde. Der Herr fühlte sich nicht mehr wohl und es war für uns nicht möglich, ihn länger zu binden.

Ein weiterer Herr kam dreimal, ging dann aber in eine intensive Einzeltherapie. Beide Herren verabschiedeten sich mit einem Brief von uns. Die Meinungen der fortgeschrittenen Trauernden, die dennoch dabei blieben, waren geteilt. Einige hätten sich sehr ein neues Angebot gewünscht, wollten dafür aber auch keinerlei Eigenverantwortung übernehmen andere waren erfreut dabei, für die neuen Trauernden da zu sein und von ihren Erfahrungen zu erzählen. Wir wiesen immer wieder auf die Angebote der Seniorenbegegnungsstelle in unserem Hause hin, die ein offenes, abwechslungsreiches Freizeitprogramm bietet. Einige Trauernde verabredeten sich auch zu einzelnen Programmpunkten, andere gingen miteinander spazieren oder tauschten Telefonnummern aus.

Mehrmals haben wir auch mit einer Pinnwand gearbeitet, an der Aushänge gemacht werden konnten, wer wen sucht z.B. zum Spaziergang, Essen gehen oder Kinobesuch. Dies wurde aber wenig genutzt. Wir beobachteten, dass die Kontakte eher persönlich untereinander im Vertrauen ausgetauscht wurden.

Wir selbst haben nur sehr wenige Kontaktdaten von all den Besuchern und Besucherinnen erfasst. Es gab dazu nur wenige Anlässe: Spendenbescheinigungen und Einladungen und Anmeldungen zu Veranstaltungen in der Seniorenbegegnungsstätte oder beim Welthospiztag. Die besondere Niedrigschwelligkeit des Angebots ließ es für uns geboten erscheinen, keine Daten zu erfragen, wenn nicht Kontakte gewünscht waren.

Eine besondere Herausforderung war das überraschende und unbegleitete Sterben eines Witwers, der tot in seiner Wohnung aufgefunden wurde und unser Trauercafé zwei Jahre lang besucht hatte. Eine andere Besucherin rief uns zum Glück vorher an, so dass wir auf diese Nachricht vorbereitet waren, und wir planten dann für das erste Trauercafé danach eine Schweigeminute für ihn. Auch hier waren wir unsicher, ob das dieser Trauer nicht zu viel Gewicht beimessen würde oder ob es angemessen war gegenüber der Trauer der anderen Besucher. Es hielten aber alle sehr gerne die Schweigeminute ein und es war ein sehr bewegender Nachmittag, bei dem viel geweint wurde.

Eine weitere Besucherin, die langjährig kam, war später selbst ernsthaft erkrankt und wir boten ihr viel Hilfe an. Sie kam, solange sie konnte, weiterhin sehr aufrecht in die Treffen, wurde für uns mehr und mehr wie eine alte Bekannte und kümmerte sich sehr gerne um akut Trauernde.

Tabelle Nr.6 zeigt die Themen im Großgruppengespräch im zweiten bis vierten Jahr des Projekts.

Die von den Trauernden angesprochenen Themen waren teilweise sehr explizit und überhaupt nicht „niedrigschwellig". Es wurde sehr offen über Trauerthemen gesprochen und es entstand sehr schnell ein vertrauensvoller Rahmen, in dem das möglich war.

Wir haben dem Raum gegeben und nur sehr zurückhaltend moderiert. Meistens kamen so viele Themen aus der Gruppe, dass wir unsere vorbereiteten Themen nicht mehr benötigten.

Gesprächsthemen im Trauercafé	Wie oft Thema?
Überforderung mit der Pflege (rückblickend)	3x
Beerdigung, Gedanken dazu,	1x
Vorsorgen für die Weihnachtsfeiertage, wie verbringe ich Feiertage	4x
Schuldgefühle	
Einsamkeit	4x
Umgang mit Verabredungen hier im Trauercafé	2x
Bewältigung des täglichen Alltags z.B. Reparaturen oder Kochen alleine	6x
Pietät / Bestatter / Erlebnisse und Umgang damit	2x
Friedhof / Grab / Umgang damit	3x
Patientenverfügung - wie sorge ich jetzt für mich?	3x
Patientenverfügung - wie habe ich es beim Sterben als Angehörige erlebt?	3x
Erlebnisse Hospiz / Palliativstation/ Krankenhaus der letzten Tage und Stunden	12x
Sinn des Lebens, spirituelle Themen	1x
Warum Frage	
Bewältigung akuter Trauer	6x
Auslöser von Trauerreaktionen, z.B. Musik	3x
Selbstmordgedanken / gemeinsam in den Tod gehen/ Wünsche nach Sterbehilfe erlebt	3x
Soiales Netzwerk neu Knüpfen	2x
Neuer Partner, neue Partnerin suchen	1x
Erster Urlaub ohne den Partner / die Partnerin	2x
Konkurrenz untereinander - wer trauert mehr? U.a. Konflikte unter Trauergästen	3x
Welche Angebote für Trauernde gibt es noch?	1x
Depressive Episoden oder Erkrankungen	1x
Rest der Familie trauert ganz anders	5x
Konflikte in der Familie	2x
Erben und Vererben	4x

2.14. Die Finanzierung eines Trauercafés

Trauerarbeit ist und blieb bis zum Ende des Projekts (Stand Februar 2017) weder eine Krankenkassenleistung noch wird es bezuschusst über § 39 a SGB V wie die restliche Hospizarbeit. Es gibt auch nur sehr wenige Stiftungen, die sich der Trauerarbeit widmen und diese meistens für trauernde Kinder, was nicht unsere Zielgruppe war. Wir haben daher „quersubventioniert". Da der gesamte Arbeitsbereich deutlich in den schwarzen Zahlen war, war das auch gut möglich. Eine Stiftung konnten wir anschreiben, zu der wir langjährige Beziehungen hatten, und deren Auftrag die Sorge um alleinstehende, bedürftige, ältere Frauen in unserer Stadt ist. Zweimal konnten wir einen Zuschuss zur Schulung erreichen.

Feste Etatposten waren außer den Personalkosten für die beiden Hauptamtlichen die Fahrtkostenerstattung für die Ehrenamtlichen, die Einkäufe von Deko und Kuchen, wobei es im dritten Jahr dann auch zu Deko- und Kuchenspenden kam.

Tabelle Nr. 7 zeigt einen durchschnittlichen Etatplan unseres Trauercafés, das von Jahr zu Jahr von Schließung bedroht war, da es sich nicht von alleine tragen konnte. Die Fachstunden der geringfügig Beschäftigten und der hauptamtlichen Fachkraft wurden anteilig berechnet.

Entwurf Etatplan für das Trauercafé				
	pro Monat	pro Jahr		
Material:				
Deko	25	300 €		
Kekse, Kuchen, Kaffee	25	300 €		
Tischdecken, Servietten, Kerzen jeden 2. Monat	40	240 €		
Literatur, Broschüren		100 €		
Arbeitszeit (Brutto)				
450 Euro Kraft (anteilig)		4.500 €		
Hauptamtliche Fachkraft		6.900 €		
Fahrtkosten Ehrenamtliche		1.080 €		
Honorare extern				
Supervision extern jeden 2. Monat	180	1.080 €		
Nachschulung ein Tag mit ext. Referentin		600 €		
Flyernachdruck 1000 Stück		170 €		
Porto Flyerversand ca.		70 €		
Kondolenzkarten je Stück 3 €				
ca. 60 im Jahr		180 €		
Infomaterial Broschüre		40,00 €		
einmalig im Jahr eine Anzeige in der Beilage zum Thema Grabpflege im November		300 €		
Summe		15.840 €		

Wir hatten also bis zum Schluss einen erheblichen Kostenanteil an eigenen Mitteln zu tragen, der über die Hospizarbeit mitfinanziert werden musste oder wofür wir allgemeine Spendenmittel aufwenden mussten. Da die Hospizgruppe in diesen Jahren durchgängig sehr gute Begleitungszahlen aufwies und der Krankenkassenzuschuss sehr hoch war, konnten wir allgemeine Spenden gut für das Trauercafé nutzen. Einzelne Besucherinnen machten hohe Einzelspenden.

Wir machten auch eine Benefizlesung mit einer prominenten Autorin und ein Konzert, merkten aber, dass es sehr schwierig ist und viel Erfahrung benötigt, Benefizveranstaltungen so zu organisieren, dass sie Geld abwerfen. Einmal kamen wir null auf null raus, einmal machten wir sogar Verluste. Dennoch haben diese Aktionen die Bekanntheit des Projekts sehr gefördert.

Tipp: Kalkulieren Sie von Anfang an sachlich durch, was das Trauercafé im laufenden Betrieb kostet. Meistens ist es nicht einfach, Spender und Sponsoren für die Trauerarbeit erwachsener Menschen zu gewinnen. Daher kann es sinnvoll sein, nur Ehrenamtliche zu nehmen, die ebenfalls Hospizbegleiter sind und daher die Gesamtmittelzuflüsse für die Hospizgruppe anheben!

Eine Finanzierungsmöglichkeit, die wir nicht nutzen konnten, war der Selbsthilfegruppenzuschuss der Krankenkassen. Dies ist nur möglich, wenn das Trauercafé keine hauptamtliche Leitung hat.

Hierzu eine Information der NAKOS (Nationale Kontakt und Informationsstelle zur Anregung und Unterstützung von Selbsthilfegruppen):

Die NAKOS ist die zentrale bundesweite Anlaufstelle in Deutschland rund um das Thema Selbsthilfe. Als Knotenpunkt vernetzt NAKOS die relevanten Akteure. Interessierte, Betroffene und Angehörige finden hier alle notwendigen Informationen. Dabei zeigt NAKOS die Vielfalt und Möglichkeiten gemeinschaftlicher Selbsthilfe auf und fördert und vertritt sie gegenüber Politik und Gesellschaft.

Die Krankenkassen unterstützen und fördern seit vielen Jahren die Aktivitäten der gesundheitsbezogenen Selbsthilfe durch immaterielle, infrastrukturelle und finanzielle Hilfen, weil diese in vielfältiger und wirksamer Weise die professionellen Angebote der Gesundheitsversorgung ergänzen kann. Dabei ist das besondere Merkmal der gesundheitsbezogenen Selbsthilfe ihre Betroffenenkompetenz.

Seit 1992 gibt es eine gesetzliche Grundlage für die Selbsthilfeförderung durch die gesetzlichen Krankenkassen im Paragraph 20 des fünften Sozialgesetzbuches. Seit dem 1.1.2008 sind die Krankenkassen zur Förderung der gesundheitsbezogenen Selbsthilfe verpflichtet. Eine Förderung von Selbsthilfegruppen, -organisationen und -kontaktstellen erfolgt dann, wenn sie sich die Prävention oder Rehabilitation von Versicherten bei bestimmten Erkrankungen zum Ziel gesetzt haben. Für die Förderung der gesundheitsbezogenen Selbsthilfe (Selbsthilfegruppen, Selbsthilfeorganisationen und Selbsthilfekontaktstellen) stellen die Krankenkassen und ihre Verbände im Jahr 2017 insgesamt 1,08 Euro pro Versicherten zur Verfügung. Bei rund 71 Millionen gesetzlich versicherten

Bürgerinnen und Bürgern entspricht dies einem Fördervolumen von rund 77 Millionen Euro.

Die gesetzliche Grundlage der Selbsthilfeförderung ist seit 1.1.2016 nicht mehr der § 20c, sondern der § 20h SGB V.

Quelle:
https://www.nakos.de/informationen/foerderung/kranken kassen/ Abruf am 24.5.2017 um 13:22 Uhr.

Einige Hospizgruppen haben gute Erfahrungen mit dieser Art von Krankenkassenförderung gemacht. Einige Hospizgruppen deklarieren die Trauercafés als offene Selbsthilfegruppen mit präventivem Charakter gegenüber Depressionen und Belastungsstörungen. Es gilt aber zu bedenken, dass die Teilnehmer und Teilnehmerinnen der „Selbsthilfegruppe", also die Besucher und Besucherinnen des Trauercafés im Krankenkassenantrag namentlich genannt werden und selbst als Ausdruck ihrer regelmäßigen Teilnahme unterschreiben müssen.

2.15. Wie viel Trauerarbeit verträgt die Hospizarbeit?

Wir haben in der Anfangsphase des Projekts langjährige Ehrenamtliche der Hospizgruppe in der Gruppe halten können durch das neue Projekt, die sich eine neue Aufgabe suchten. Dieser Effekt war aber nicht nachhaltig. Viele Ehrenamtliche sind nach relativ kurzer Zeit ganz aus dem Projekt und der Gruppe ausgeschieden. Das heißt, sie hatten zwei Schulungen genossen, die Hospizbegleiterschulung und die Trauerbegleiterschulung, und sind doch bald nach Projektgründung aus dem Projekt ausgeschieden. Hier möchte ich noch mal auf die Überlegung hinweisen, eine Verpflichtungserklärung in Erwägung zu ziehen.

Viele Ehrenamtliche, die anfangs noch parallel Sterbebegleitungen und Trauercaféarbeit machten, entschieden sich
dann längerfristig, nur noch Trauercaféarbeit zu machen. Sie
fielen also als Hospizbegleiter aus der Großgruppe weg. So
sank die Anzahl an Hospizbegleitern, die für Sterbebegleitungen zur Verfügung standen, und es mussten neue Hospizbegleiter ausgebildet werden. Es stellt sich die Frage, wie
sich das auf die Ehrenamts- und Begleitungszahlen im Antrag nach § 39 a SGB V auswirkt, über den sich viele Hospizdienste refinanzieren.

Trauerbegleitung kann, wenn sie neu in einem Hospizpro-
jekt begonnen wird, auch ganz neue Ehrenamtliche anziehen,
die gar keine Hospizbegleiterschulung mehr machen wollen,
sondern gleich und ausschließlich die Trauerbegleiterschulung. Diese fallen dann definitiv aus dem Antrag heraus. Ein
kleiner Hospizverein sollte sich daher gut überlegen, wann
und in welcher Phase er mit Trauerarbeit startet. Es kann hilfreich sein, wenn sich zwei oder drei benachbarte Hospiziniti-
ativen gemeinsam zusammenschließen für ein Trauerprojekt.

2.16. Ende des Projekts im April 2017

Nach meinem Weggang aus dem Verein im Februar 2017
fand das Trauercafé nur noch zweimal unter ehrenamtlicher
Leitung statt. Meine Nachfolgerin schloss das Projekt im April 2017 aus Kostengründen, und weil das Konzept nicht
mehr passend erschien. Der gesamte Arbeitsbereich „Lebensbegleitung bis zum Tode" wurde stark umstrukturiert.

Die Trauernden trafen sich anschließend selbständig unter
ehrenamtlicher Leitung und haben sich als ehrenamtlich an-
geleitete Selbsthilfegruppe neu organisieren können.

2.17. Fazit und Kritik

Das Trauercaféprojekt hatte, was die Entwicklung der Besucherzahlen anging, in den viereinhalb Jahren des Bestehens eine sehr positive Entwicklung durchlebt. Das Projekt wurde zunehmend bekannter in der Stadt und von Kooperationspartnern durchgängig sehr gerne empfohlen. Die Ehrenamtlichen übernahmen mehr und mehr Verantwortung für das Projekt, so dass im vierten Jahr auch einige Sitzungen ganz ohne hauptamtliche Leitung angeboten werden konnten.

Aus heutiger Sicht würde ich keine Schulung mehr ohne die offiziellen Zertifikate der Bundesarbeitsgemeinschaft Trauerbegleitung empfehlen. Die Konflikte bezüglich der Zertifikate und der Akzeptanz des Projekts wären damit zu vermeiden gewesen. Ich würde neuen Projekten unbedingt empfehlen, vor Aufnahme Ehrenamtlicher in eine mit so hohen Kosten verbundene Schulung eine Verpflichtung über mindestens zwei Jahre Engagement und eine Kostenbeteiligung im Abbruchfalle unterzeichnen zu lassen.

Die Zusammensetzung der Trauernden als im weitesten Sinne Trauernde nach einem erwartbaren Tod nach schwerer Krankheit hat uns für den Start die Trauercaféarbeit sehr erleichtert. Sie erleichterte auch den Zusammenhalt in der Gruppe. Wenn andere Trauernde anfragten, bekamen sie ein Einzelgespräch angeboten.

Die Entwicklung der ehrenamtlichen Mitarbeiter ist gemischt zu bewerten. Die zwei Ehrenamtlichen, die über die gesamte Projektdauer im Projekt verblieben, gewannen durch die Erfahrungen in der Praxis und durch die laufende, sehr gute fachliche Supervision immer mehr Handlungssicherheit.

Sie konnten schließlich immer mehr Verantwortung für das Projekt übernehmen.

Schwieriger war es, genügend geschulte Ehrenamtliche dauerhaft an das Projekt zu binden. Bei den neu hinzugekommenen Ehrenamtlichen fehlten der Wille und die Möglichkeit, diese erneut nach zu schulen. Wir machten die Erfahrung, dass die meisten neuen Ehrenamtlichen sehr davor zurückschreckten, eine externe Schulung in diesem Umfang bei einem anderen Träger zu besuchen und selbst eine längere Verpflichtungserklärung und finanzielle Beteiligung an der Schulung im Abbruchsfalle zu unterzeichnen. Viele unserer älteren Ehrenamtlichen sahen das als zu hohe finanzielle Belastung an.

Die Finanzierung des Projekts blieb durchgängig schwierig. Die Spendenentwicklung und die Förderung über Stiftungen und Zuschüsse konnten mit dem finanziellen Etat nicht mithalten. Es erfolgte somit eine ständige Bezuschussung aus allgemeinen Stiftungsmitteln. So wurde das Projekt schließlich aus finanziellen und konzeptionellen Gründen ganz geschlossen.

Ebenso wurde diskutiert, ob unsere Themen im Trauercafé zu explizit und zu nahe an einer Trauergruppenarbeit waren. Es waren die Themen, die die Trauernden mitbrachten. Wir haben sie eher ermutigt, das auszusprechen, was sie beschäftigte, und nicht unterbunden, auch direkt über Trauerthemen zu sprechen. Wir haben uns allgemein als zurückhaltende Moderatoren und Moderatorinnen begriffen. Wir waren oft erstaunt, wie offen die Gespräche waren und was für einen Mut die Gäste hatten, im geschützten Rahmen Dinge auszusprechen und Gefühle zuzulassen.

Viele Besucher dankten uns immer wieder für dieses besondere Angebot und die Möglichkeit, gerade sonntagsnachmittags kommen zu können. Immer wieder hörten wir, dass für sie an diesen Nachmittagen Trost, Ermutigung und Halt erfahrbar wurden und dass neue Kontakte untereinander geknüpft werden konnten.

3. Literaturverzeichnis:

Johannes Albrecht, Norbert Mucksch: „Trauerstörung", Zeitschrift für Palliativmedizin, 2017, 18, S. 28-35

Renata Bauer-Mehren, Karina Kopp-Breinlinger und Petra Rechenberg-Winter(Hrsg.): „Kaleidoskop der Trauer", Roderer Verlag, Regensburg, 2003., S. 281- 294

Christina Flüeler und Simon Forstmeier: „Normale und prolongierte Trauer, Abgrenzungen, Diagnosen und Modelle" in Psychotherapie im Alter, Hrsg. von S. Forstmeier et al. Heft 4, 10. Jahrgang 2013, S. 425-437

Sigmund Freud: „Trauer und Melancholie", Frankfurt, Fischer 1917, 1981

Jan Gramm: „Trauerstörung – Wenn der Trauerfluss gestört ist", Zeitschrift für Palliativmedizin, 2017, 18, S. 137-143

Verena Kast „Trauern - Phasen und Chancen des psychischen Prozesses", Kreuz Verlag, Freiburg, 34. Auflage, 2012

Arnold Langenmayr, Einführung in die Trauerbegleitung, Vandenhoeck & Ruprecht, Göttingen, 2013

Julia Langhorst, Solveig Opitz, Gemeinsam Trauern, Kreuz Verlag, Stuttgart, 2008

C.S. Lewis „Über die Trauer", Zürich, Benzinger Verlag, 1998

Meyer, S., Brüning-Wolter, B., Fischinger, E., Rudert-Gerke, R., Stockstrom, C., Trauerbegleitung organisieren, Kohlhammer, Stuttgart, 2016

Monika Müller. Sylvia Brathuhn, Matthias Schnegg, Handbuch der Trauerbegegnung- und -begleitung, Vandenhoeck & Ruprecht, 2013

Chris Paul, „Neue Wege in der Trauer- und Sterbebegleitung", Gütersloher Verlagshaus, 2001

Ruthmarijke Smeding, Margarete Heitkönig-Wilp (Hg.) „Trauer erschließen - eine Tafel der Gezeiten", Der Hospiz Verlag, 3. Auflage. 2014

Yorick Spiegel, Der Prozess des Trauerns, Analyse und Beratung, 1989, Chr. Kaiser Verlag, München

Stroebe M., Schut H. Culture and Grief, Bereavement Care, 1998, 17, pp 7-11

Michael Wissert, „Wirkungen von Trauerbegleitung im Rahmen der emotionalen und sozialen Bewältigung von tiefgehenden und komplizierten Trauerprozessen[TrauErLeben], Weingarten, August 2013," http://www.projekttrauerleben.de/Wirkungen_der_Trauerbegleitung.pdf , Abruf am 25.5.2017 um 9:20 Uhr.

William Worden „Beratung und Therapie in Trauerfällen". Ein Handbuch. Bern: Huber. 2011

Hansjörg Znoj, „Komplizierte Trauer", Göttingen, Hogrefe, 2004

4. Über die Autorin

Monika Müller-Herrmann ist Psychologin, Altenpflegerin, Palliative Care Kraft, Trauerbegleiterin und Psychoonkologin. Von Mai 2003 bis Februar 2017 leitete sie eine Hospizgruppe im Rhein-Main-Gebiet und von 2010 bis 2017 das dazu gehörende Trauercaféprojekt.

Sie hat in dieser Zeit 26 Hospizhelferkurse gehalten und 11 Grundkurse für Koordinatorinnen in der Hospizarbeit gemeinsam mit Heinz Hinse angeboten.

Sie hatte die Leitung des Arbeitskreises Hospiz- und Palliativarbeit Rhein Main 2003-2017.

Sie war zwei Jahre ehrenamtliches Vorstandsmitglied im Hessischen Hospiz- und Palliativverband von 2009 bis 2011. Sie war Mitglied in der AG zur Verbesserung der Sterbebegleitung in Hessen des Hessischen Ministeriums für Soziales und Integration 2003-2017

Sie ist Mitglied in der Deutschen Gesellschaft für Palliativmedizin, Sektion Psychologie

Weitere Veröffentlichungen:

„Mich zieht es zur Hospizarbeit – Motivation von potentiellen Ehrenamtlichen in der Hospizarbeit. Eine deskriptive Studie", erschienen 2015 im Grin Verlag.

Kontakt über

https://www.praxis-mueller-herrmann.de

Oder monika.mueller-herrmann@gmx.de

FSC
www.fsc.org
MIX
Papier | Fördert
gute Waldnutzung
FSC® C083411

Zeitfracht Medien GmbH
Ferdinand-Jühlke-Straße 7
99095 Erfurt, Deutschland
produktsicherheit@kolibri360.de